PHILIPPIANS

빌 립 보 서

예수 안에서 교제하는 기쁨

안진섭 목사의 사경회 시리즈3

머리말

요한계시록과 에베소서에 이어 사경회 시리즈 세 번째 책으로 빌립보서와 골로새서를 묶어서 출간하게 된 것을 기쁘게 생각합니다. 빌립보서와 골로새서는 둘 다 옥중서신으로 분류됩니다. 복음을 전하다가 감옥에 갇힌 바울이 사랑하는 성도들을 향하여 쓴 서신이기 때문에 옥중서신에는 목회자 바울의 따뜻한 마음이 담겨 있습니다. 동시에 인생을 마무리해야 할 시점에 있는 노(老)사도의 절절한 신앙고백이 담겨 있습니다. 사도 바울은 이 두 책에서 오직 예수님만 전합니다. 예수님만 있으면 충분하다고 생각했기 때문입니다. 그래서 이 책의 제목을 "예수만으로 충분합니다"라고 정했습니다.

이 책은 빌립보서와 골로새서를 각각 4강으로 구성하였습니다. 각 책이 본래 네 장으로 이루어져 있지만 이 책에서는 성경의 장 구분을 그대로 사용하지는 않았습니다. 성경의 장 구분보다는 내용상의 구분이 더 중요하기 때문입니다. 이 책은 주석이 아니라 성경공부 교재입니다. 물론 시중에 나와 있는 일반적인 성경공부 교재보다는 좀 더 많은 설명이 담겨 있으므로 부분적으로는 주석의 기능을 할 수도 있습니다. 그러나 본문을 장과 절별로 상세하게 연구하기를 원하는 독자들은 본격적인 주석을 보시는 편이 더 좋을 것입니다.

성경을 배우는 가장 좋은 방법은 성경에 질문을 던지는 것입니다. "질문이 없이는 답도 없습니다." 좋은 질문을 던져야 좋은 답을 얻을 수 있습니다. 그래서 이 책은 질문을 던지고 그에 대한 답을 찾는 방식으로 구성되어 있습니다. 성경에서 답을 찾을 수 있는 경우는 스스로 공부할 수 있도록 빈 칸으로 남겨 놓았고, 전문적인 설명이 필요한 경우는 필자가 해설을 해 놓았습니다. 처음 볼 때는 질문이 어렵게 보일 수 있지만 본문을 여러 차례 읽으면서 답을 찾아보면 질문에 대한 바른 답을 어렵지 않게 찾을 수 있을 것입니다. 힘들더라도 꾸준히 공부하면 성경을 더욱 깊게 이해할 수 있을 것입니다. 공부는 결국 자신이 하는 것입니다. 현재 우리나라 교육의 문제는 자기 주도적인 학습이 안 된다는 것입니다. 이는 성경공부의 경우도 마찬가지라고 생각합니다. 하나님의 말씀을 바르게 배워서 튼튼한 신앙의 기초를 세우겠다는 마음을 품고 이 책을 공부하는 자는 말씀을 더욱 깊이 있게 이해하게 될 것입니다.

필자가 이미 출간한 에베소서와 달리 이 책은 혼자서 공부하는 방식을 취하지는 않았습니다. 먼저 목회자나 성경공부 교사의 인도를 받아 공부한 후, 각자 집에서 복습문제를 풀고 소감문을 쓰는 방식을 택했습니다. 굳이 복습문제와 소감문을 쓰도록 한 이유는 반복학습이 가장 효과적이라는 필자의 신념 때문입니다. 교사에게 듣는 것만으로는 절대로 바른 학습이 되지 않습니다. 따라서 이 책을 가르치는 교사들께서는 반드시 복습문제를 풀고 소감문을 써 오도록 과제를 내 주셔야 합니다.

이 졸저를 읽는 자들이 오직 예수님만으로 충분하다는 사실을 고백할 수만 있으면 필자는 더 이상 바랄 것이 없겠습니다. 예수님 외의 다른 것들을 추구하는데 여념이 없는 조국교회의 무수한 목회자들과 성도들 가운데 다만 몇 명이라도 이 책을 통해 빌립보서와 골로새서에 나타난 예수님을 만나고 과연 “예수님만으로 충분합니다.”라는 고백이 나오기를 간절히 소망합니다. 책을 출간할 때마다 고마운 분들이 떠오릅니다. 늘 필자의 원고를 교정해주는 아내에게 고마운 마음을 전합니다. 졸저를 기꺼이 출판해 주시는 그리심어소시에이츠의 류수환 대표와 편집자들에게도 진심으로 고맙게 생각합니다. 마지막으로 늘 부족한 목사의 설교를 성실한 삶의 자세로 경청해 주는 나의 사랑하는 새누리2교회 성도들에게 가장 깊은 감사를 드립니다. 우리 교회, 우리 성도들이 없었다면 아마도 이 책은 세상에 나올 수도 없었을 것입니다.

새누리2교회 목양실에서, 안진섭 목사 드림

목 차

제1강

오직 예수 그리스도만 높이라

(빌립보서 1:1-26)

PHILIPPIANS

빌립보서의 핵심정리	
저　자	사도 바울
연　대	AD 60-62년
기록장소	로마 감옥
독　자	빌립보교회
기록목적	빌립보서의 기록목적은 다음과 같이 여러 가지가 있다. 1. 빌립보 교인들의 선물에 대한 감사를 표시하기 위해 2. 에바브로디도를 천거하기 위해 3. 바울의 새로운 상황을 알리기 위해 4. 빌립보교회의 몇 가지 문제점을 교정하기 위해
주　제	그리스도 안에서 교제하는 기쁨
개　요	서론: 1:1-11 본론: 1:12-4:19 1. 오직 예수 그리스도만 높이라(1:12-26) 2. 그리스도 예수의 마음으로 다른 사람을 섬기라(1:27-2:30) 3. 거짓 가르침에 속지 말고 푯대를 향하여 달려가라(3:1-4:1) 5. 주 안에서 같은 마음을 품으라(4:2-19) 결론: 4:20-23

빌립보서 1:1-26

1 그리스도 예수의 종 바울과 디모데는 그리스도 예수 안에서 빌립보에 사는 모든
성도와 또한 감독들과 집사들에게 편지하노니 2 하나님 우리 아버지와 주 예수 그
리스도로부터 은혜와 평강이 너희에게 있을지어다 3 내가 너희를 생각할 때마다 나
의 하나님께 감사하며 4 간구할 때마다 너희 무리를 위하여 기쁨으로 항상 간구함
은 5 너희가 첫날부터 이제까지 복음을 위한 일에 참여하고 있기 때문이라 6 너희 안
에서 착한 일을 시작하신 이가 그리스도 예수의 날까지 이루실 줄을 우리는 확신하
노라 7 내가 너희 무리를 위하여 이와 같이 생각하는 것이 마땅하니 이는 너희가 내

마음에 있음이며 나의 매임과 복음을 변명함과 확정함에 너희가 다 나와 함께 은혜
에 참여한 자가 됨이라 8내가 예수 그리스도의 심장으로 너희 무리를 얼마나 사모
하는지 하나님이 내 증인이시니라 9내가 기도하노라 너희 사랑을 지식과 모든 총
명으로 점점 더 풍성하게 하사 10너희로 지극히 선한 것을 분별하며 또 진실하여 허
물 없이 그리스도의 날까지 이르고 11예수 그리스도로 말미암아 의의 열매가 가득
하여 하나님의 영광과 찬송이 되기를 원하노라 12형제들아 내가 당한 일이 도리어
복음 전파에 진전이 된 줄을 너희가 알기를 원하노라 13이러므로 나의 매임이 그리스
도 안에서 모든 시위대 안과 그 밖의 모든 사람에게 나타났으니 14형제 중 다수가 나
의 매임으로 말미암아 주 안에서 신뢰함으로 겁 없이 하나님의 말씀을 더욱 담대히
전하게 되었느니라 15어떤 이들은 투기와 분쟁으로, 어떤 이들은 착한 뜻으로 그
리스도를 전파하나니 16이들은 내가 복음을 변증하기 위하여 세우심을 받은 줄 알
고 사랑으로 하나 17그들은 나의 매임에 괴로움을 더하게 할 줄로 생각하여 순수하
지 못하게 다툼으로 그리스도를 전파하느니라 18그러면 무엇이냐 겉치레로 하나 참
으로 하나 무슨 방도로 하든지 전파되는 것은 그리스도니 이로써 나는 기뻐하고 또한
기뻐하리라 19이것이 너희의 간구와 예수 그리스도의 성령의 도우심으로 나를 구
원에 이르게 할 줄 아는 고로 20나의 간절한 기대와 소망을 따라 아무 일에든지 부
끄러워하지 아니하고 지금도 전과 같이 온전히 담대하여 살든지 죽든지 내 몸에서
그리스도가 존귀하게 되게 하려 하나니 21이는 내게 사는 것이 그리스도니 죽는 것
도 유익함이라 22그러나 만일 육신으로 사는 이것이 내 일의 열매일진대 무엇을 택해
야 할는지 나는 알지 못하노라 23내가 그 둘 사이에 끼였으니 차라리 세상을 떠나서
그리스도와 함께 있는 것이 훨씬 더 좋은 일이라 그렇게 하고 싶으나 24내가 육신
으로 있는 것이 너희를 위하여 더 유익하리라 25내가 살 것과 너희 믿음의 진보와 기
쁨을 위하여 너희 무리와 함께 거할 이것을 확실히 아노니 26내가 다시 너희와 같이
있음으로 그리스도 예수 안에서 너희 자랑이 나로 말미암아 풍성하게 하려 함이라

I. 인사(1:1-2)

---

[1] 그리스도 예수의 종 바울과 디모데는 그리스도 예수 안에서 빌립보에 사는 모
든 성도와 또한 감독들과 집사들에게 편지하노니 [2] 하나님 우리 아버지와 주 예
수 그리스도로부터 은혜와 평강이 너희에게 있을지어다

바울은 자신을 그리스도 예수의 종이라고 소개하면서 빌립보서를 시작합니다. 자신을 단순히 예수의 종이라고 소개한 이유는 빌립보교회가 이미 자신을 잘 알고 있어서 굳이 자세히 소개할 필요가 없었기 때문입니다. 또한 인생의 말년에 이른 바울의 입장에서는 자신이 그리스도 예수의 종이라는 사실보다 더 감격스러운 것은 없었기 때문이기도 할 것입니다. 바울은 다시 한 번 자신의 독특한 인사말인 은혜와 평강으로 빌립보교회 성도들에게 인사합니다. 바울은 하나님 우리 아버지와 주 예수 그리스도로부터 은혜와 평강이 있기를 기원합니다. 은혜와 평강은 언제나 하나님 아버지와 주 예수 그리스도로부터 나옵니다. 은혜란 그리스도의 십자가를 통해서 값없이 주어진 것입니다. 평강은 그 은혜를 받은 결과로 은혜를 받은 성도에게 이루어지는 것입니다. 그러므로 평강은 은혜의 결과입니다.

II. 빌립보 교인들을 향한 바울의 감사(1:3-8)

---

[3] 내가 너희를 생각할 때마다 나의 하나님께 감사하며 [4] 간구할 때마다 너희 무리
를 위하여 기쁨으로 항상 간구함은 [5] 너희가 첫날부터 이제까지 복음을 위한 일

에 참여하고 있기 때문이라 6너희 안에서 착한 일을 시작하신 이가 그리스도 예
수의 날까지 이루실 줄을 우리는 확신하노라 7내가 너희 무리를 위하여 이와 같
이 생각하는 것이 마땅하니 이는 너희가 내 마음에 있음이며 나의 매임과 복음을
변명함과 확정함에 너희가 다 나와 함께 은혜에 참여한 자가 됨이라 8내가 예수
그리스도의 심장으로 너희 무리를 얼마나 사모하는지 하나님이 내 증인이시니라

바울은 빌립보교회 성도들을 생각할 때마다 늘 하나님께 감사하며 기쁨으로 간구하였습니다.(3-4절) 바울이 모든 교회를 향하여 항상 이와같이 감사했던 것은 아닙니다. 바울은 갈라디아교회나 고린도교회를 향하여 안타까운 마음으로 책망하였습니다. 그렇지만 빌립보교회를 생각하면 언제나 하나님께 감사했습니다. 그 이유는 빌립보교회 성도들이 처음부터 계속하여 복음을 위한 일에 참여하고 있기 때문입니다.(5절) 7절에서도 바울은 "너희가 다 나와 함께 은혜에 참여한 자가 되었다"고 말했습니다. 빌립보교회 성도들은 바울의 복음사역을 위해 기도하고 헌금하고 참여하였습니다. 바울은 그런 사실을 생각할 때마다 하나님께 감사했습니다.

질문 1) 복음사역을 감당하는 자가 반드시 품어야 할 확신은 무엇입니까?(1:6)

바울은 자신이 빌립보교회 성도들을 예수 그리스도의 심장으로 사모한다고 고백하였습니다.(8절) 고대인들은 심장을 우리의 마음(혹은 감정)이 머무는 장

소라고 생각했습니다. 그러므로 이 말은 바울이 예수 그리스도의 마음으로 빌립보 교인들을 사랑한다고 고백하는 것입니다. 그렇다면 예수 그리스도의 마음이란 무엇입니까? 예수 그리스도의 마음이란 우리를 위해 십자가에서 자신의 생명까지 버리신 그 마음입니다. 바울은 그런 마음으로 빌립보교회 성도들을 사랑한다고 고백하였습니다.

III. 빌립보교회 성도들을 위한 바울의 기도(1:9-11)

9내가 기도하노라 너희 사랑을 지식과 모든 총명으로 점점 더 풍성하게 하사 10
너희로 지극히 선한 것을 분별하며 또 진실하여 허물 없이 그리스도의 날까지
이르고 11예수 그리스도로 말미암아 의의 열매가 가득하여 하나님의 영광과 찬
송이 되기를 원하노라

이 말씀은 바울의 기도입니다. 이 기도는 오늘 우리가 믿음의 형제와 자매를 위해 기도할 때, 구체적으로 무엇을 기도해야 할지 잘 보여줍니다.

질문 2) 사랑을 지식과 총명으로 풍성하게 한다는 것은 무슨 뜻일까요? 만일 사랑은 넘치는데 지식과 총명이 없다면 어떻게 될까요?(1:9)

사랑은 성령의 아홉 가지 열매 중 첫 번째 열매입니다. 예수님은 십자가의 희생으로 진정한 사랑이 무엇인가를 우리에게 보여주셨습니다. 그리고 우리에게 "내가 너희를 사랑한 것 같이 너희도 서로 사랑하라"고 명령하셨습니다. 그렇다면 지식과 총명은 무엇을 가리킬까요? 지식은 하나님을 아는 지식을 가리키고, 총명은 도덕적 통찰력 혹은 판단력을 가리킵니다.

1) 그렇다면 사랑을 지식과 총명으로 풍성하게 하라는 것은 무슨 뜻일까요?

2) 사랑은 넘치는데 지식과 총명이 없으면 어떻게 될까요?

우리의 사랑이 지식과 총명으로 풍성해지면 어떤 유익이 있을까요?

첫째로, 우리의 사랑이 지식과 총명으로 풍성해지면 지극히 선한 것이 무엇인지 분별할 수 있게 됩니다.(10절) 여기서 선하다는 단어는 본래 다르다는 단어에서 나왔습니다. 그래서 이 말은 다른 것과 구별될 정도로 탁월한 것, 혹은 본질적인 것이 무엇인지 구별할 수 있는 것을 가리킵니다. 사랑이 지식과 총명으로 풍성해지면 무엇이 가장 본질적이고 핵심적인 것인지 구별할 수 있게 됩니다. 바리새인들과 예수님의 삶을 비교해 보면 이 말씀을 잘 이해할 수 있습니다. 바리새인들은 율법의 핵심이 사랑이라는 것을 바르게 이해하지 못했습니다. 그래서 그들은 진정으로 그 백성을 사랑하지 못했습니다. 그러나 예수님은 율법의 핵심이 사랑이라는 것을 아셨습니다. 그래서 예수님은 간음하다가 현장에서 잡힌 여인을 깊은 사랑으로 용서하셨고, 자신을 세 번이나 부인한 베드로도 그 사랑으로 용서하셨습니다.

둘째로, 지극히 선한 것이 무엇인지 분별하면 진실하여 허물없이 그리스도의 날까지 이르게 됩니다. 허물이 없다는 말은 제단에 드리기에 합당한 제물이 되었다는 뜻입니다. 그러므로 이 말은 하나님께 드리기에 합당한 자가 된다는 뜻입니다. 그렇다면 하나님께 드리기에 합당한 자가 된다는 것은 무슨 말입니까? 이 말은 사실 인간관계와 관련된 것입니다. 하나님 앞에서 아무런 죄도 짓지 않은 완벽한 인간이 되어야 하나님께 드려지는 것이 아닙니다. 우리는 모두 하나님의 사랑으로 용서받은 죄인들입니다. 그러므로 우리도 그 사랑으로 다른 사람을 용서해야 합니다. 주님께 합당한 자가 되는 길은 나를 용서하신 그 사랑으로 다른 사람을 용서하는 것입니다. 그럴 때 우리는 예수님께서 재림하실 때까지 주님께서 받으시기에 합당한 자로 서게 될 것입니다.

셋째로, 사랑이 지식과 총명으로 풍성해져서 선한 것을 분별하며 허물없이 그리스도의 날까지 이르면 의의 열매가 가득하여 하나님의 영광과 찬송이 될 것입니다. 의의 열매를 가득 맺는 것은 다른 이를 용서하는 삶의 결과입니다. 성도를 향한 사랑이 하나님을 아는 지식과 도덕적 판단력으로 무장하여 가장 본질적인 것을 붙들고 다른 사람을 용서하며 살 때, 그 결과로 우리 삶에는 의의 열매가 가득 맺히게 될 것입니다. 이 열매는 오직 예수 그리스도로 말미암아 맺힙니다.

"나는 포도나무요 너희는 가지라 그가 내 안에, 내가 그 안에 거하면 사람이 열매를 많이 맺나니 나를 떠나서는 너희가 아무 것도 할 수 없음이라"(요 15:5)

빌립보서 1:1-11이 인사말이었다면, 1:12-26은 바울 자신의 상황을 알리는 역할을 하고 있습니다. 고대에는 처음에 인사말을 하고 그 다음에 저자의 상황을 알리는 것이 일반적인 편지형식이었습니다. 바울은 이 서신에서 그런 일반적인 패턴을 따릅니다. 바울은 이제 감옥에 투옥된 자신의 상황을 설명하면서 그것이 오히려 복음의 진보를 가져왔다는 것을 분명히 밝힙니다. 더 나아가서 자신이 석방될지, 아니면 순교할지 알 수 없지만 살든지 죽든지 오직 그리스도만 존귀하게 되기를 원한다고 고백합니다.

IV. 바울의 투옥을 통한 복음전파(1:12-18a)

---

12 형제들아 내가 당한 일이 도리어 복음 전파에 진전이 된 줄을 너희가 알기를
원하노라 13 이러므로 나의 매임이 그리스도 안에서 모든 시위대 안과 그 밖의
모든 사람에게 나타났으니 14 형제 중 다수가 나의 매임으로 말미암아 주 안에서
신뢰함으로 겁 없이 하나님의 말씀을 더욱 담대히 전하게 되었느니라 15 어떤 이
들은 투기와 분쟁으로, 어떤 이들은 착한 뜻으로 그리스도를 전파하나니 16 이들
은 내가 복음을 변증하기 위하여 세우심을 받은 줄 알고 사랑으로 하나 17 그들
은 나의 매임에 괴로움을 더하게 할 줄로 생각하여 순수하지 못하게 다툼으로
그리스도를 전파하느니라 18 그러면 무엇이냐 겉치레로 하나 참으로 하나 무슨
방도로 하든지 전파되는 것은 그리스도니 이로써 나는 기뻐하고 또한 기뻐하리라

질문 3) 어떻게 바울의 투옥이 복음전파에 더욱 진전을 가져왔습니까?(1:12-14)

그런데 바울이 투옥되어 있는 동안 그리스도를 전파한 사람들의 내면적 동기는 서로 달랐습니다. 어떤 사람들은 투기와 분쟁으로, 어떤 사람들은 착한 뜻으로 그리스도를 전파하였습니다.(15절) 투기와 분쟁으로 그리스도를 전파한 사람들은 바울의 지도적 위치를 빼앗고 싶은 마음으로 열심히 전도했습니다.(17절) 한 마디로 질투심으로 복음을 전한 것입니다. 질투심은 분쟁을 일으킵니다. 그래서 바울은 그들이 투기와 분쟁으로 전도했다고 말한 것입니다. 반면에 착한 뜻으로 전도한 사람들은 바울의 사역을 하나님의 역사로 이해하고 사랑으로 전도했습니다.(16절) 사실 로마의 교인들은 바울을 개인적으로 알지 못합니다. 오히려 과거에 교회를 핍박했던 경력 때문에 바울에 대해 부정적인 인식을 갖고 있기도 했습니다. 그럼에도 불구하고 그들은 바울이 복음을 변증하기 위해 하나님에 의해 세워진 자라고 믿고 그를 영접한 것입니다.

질문 4) 잘못된 동기로 복음을 전파하는 사람들에 대해 바울은 어떤 반응을 보였습니까? 어떻게 그런 반응이 가능할까요?(1:18) 갈라디아서 1:9에 있는 반응과 비교해보고 왜 그런 차이가 벌어졌는지 생각해보십시오.

갈라디아서 1:9 우리가 전에 말하였거니와 내가 지금 다시 말하노니 만일 누구든지 너희가 받은 것 외에 다른 복음을 전하면 저주를 받을지어다

V. 오직 그리스도만 높이라(1:18b-26)

---

18 그러면 무엇이냐 겉치레로 하나 참으로 하나 무슨 방도로 하든지 전파되는 것
은 그리스도니 이로써 나는 기뻐하고 또한 기뻐하리라 19이것이 너희의 간구와
예수 그리스도의 성령의 도우심으로 나를 구원에 이르게 할 줄 아는 고로 20나
의 간절한 기대와 소망을 따라 아무 일에든지 부끄러워하지 아니하고 지금도 전

과 같이 온전히 담대하여 살든지 죽든지 내 몸에서 그리스도가 존귀하게 되게
하려 하나니 21이는 내게 사는 것이 그리스도니 죽는 것도 유익함이라 22그러나
만일 육신으로 사는 이것이 내 일의 열매일진대 무엇을 택해야 할는지 나는 알
지 못하노라 23내가 그 둘 사이에 끼었으니 차라리 세상을 떠나서 그리스도와
함께 있는 것이 훨씬 더 좋은 일이라 그렇게 하고 싶으나 24내가 육신으로 있는
것이 너희를 위하여 더 유익하리라 25내가 살 것과 너희 믿음의 진보와 기쁨을
위하여 너희 무리와 함께 거할 이것을 확실히 아노니 26내가 다시 너희와 같이
있음으로 그리스도 예수 안에서 너희 자랑이 나로 말미암아 풍성하게 하려 함이라

이 단락(1:12-26)에서 바울은 자신의 상황을 소개하면서 그 상황에 대해 감사하고 있습니다. 그런데 전반부(12-18a)와 후반부(18b-26)는 약간 강조점이 다릅니다. 전반부(12-18a)에서 바울은 자신의 투옥을 통하여 복음의 진전이 이루어진 현재의 상황으로 인하여 감사합니다. 반면에 후반부(18b-26)에서 바울은 미래의 상황에 대한 기대로 인하여 감사합니다.

이제 바울은 자신이 기뻐하는 또 다른 이유를 밝힙니다. 18절 후반부에 있는 "또한 기뻐하리라"는 앞의 문장과 분리하여그 다음 문장과 연결하여 이해해야 합니다. 바울이 기뻐하는 또 다른 이유는 19절에 나옵니다. 19절에서 바울은 자신이 구원받을 것을 인하여 기뻐하고 있습니다. 여기서 말하는 구원은 로마감옥에서 석방되는 것을 가리키는 것이 아닙니다. 바울은 지금 하나님의 나라에서 받을 종말론적인 구원을 생각하고 있습니다. 로마황제의 법정에서 무죄판결을 받는 것보다 바울이 더 사모하는 것은 하나님의 법정에서 무죄판결을 받는 것입니다. 바울이 환경을 뛰어넘어 기뻐할 수 있었던 비결은 바로 하나님의 나라에서 받을 궁극적인 구원이 그의 최종적인 목표였기 때문입니다.

질문 5) 종말론적인 구원, 곧 최종적인 구원은 무엇을 통하여 이루어집니까?(1:19)

질문 6) 바울이 자신의 인생에서 가장 중요한 소망으로 품었던 것은 무엇입니까?(1:20-21)

이렇게 삶과 죽음마저 완전히 초월한 것처럼 보이는 바울이지만 그래도 그는 여전히 빌립보교회 성도들과 함께 거할 것을 믿고 있습니다.(25절) 그 이유는 바울에게는 아직 사명이 남아 있기 때문입니다. 바울의 사명은 빌립보교회 성도들의 믿음을 성장시키는 것입니다. 아직 그 사명이 남아 있기 때문에 바울은 빌립보교회 성도들과 함께 육신으로 거하는 것이 유익하다고 고백합니다.(24절) 여기서 '유익하다'는 말은 '필수적'이라는 말입니다. 사실 바울은 너무 고통스러운 삶을 살고 있기 때문에 죽어서 그리스도와 함께 있는 것이 더 낫겠다는 생각을 하고 있었습니다.(23절) 그러나 아직 그에게는 빌립보교회 성도들을 믿음으로 세우는 사명이 남아 있기 때문에 석방되어 빌립보교회 성도들과 함께 있을 것을 확신하는 것입니다.(25절)

질문 7) 바울이 빌립보교회 성도들에게 돌아와서 더 살아야 하는 또 다른 이유는 무엇입니까?(1:26)

닫는 말

인생의 목표와 사명을 바르게 정하십시오

복습문제

질문 1) 복음사역을 감당하는 자가 반드시 품어야 할 확신은 무엇입니까?(1:6)

질문 2) 사랑을 지식과 총명으로 풍성하게 한다는 것은 무슨 뜻일까요? 만일 사랑은 넘치는데 지식과 총명이 없다면 어떻게 될까요?(1:9)

1) 사랑을 지식과 총명으로 풍성하게 하라는 것은 무슨 뜻일까요?

2) 사랑은 넘치는데 지식과 총명이 없으면 어떻게 될까요?

질문 3) 어떻게 바울의 투옥이 복음전파에 더욱 진전을 가져왔습니까?(1:12-14)

질문 4) 잘못된 동기로 복음을 전파하는 사람들에 대해 바울은 어떤 반응을 보였습니까? 어떻게 그런 반응이 가능할까요?(1:18) 갈라디아서 1:9에 있는 반응과 비교해보고 왜 그런 차이가 벌어졌는지 생각해보십시오.

갈라디아서 1:9 우리가 전에 말하였거니와 내가 지금 다시 말하노니 만일 누구든지 너희가 받은 것 외에 다른 복음을 전하면 저주를 받을지어다

질문 5) 종말론적인 구원, 곧 최종적인 구원은 무엇을 통하여 이루어집니까?(1:19)

질문 6) 바울이 자신의 인생에서 가장 중요한 소망으로 품었던 것은 무엇입까?
(1:20-21)

질문 7) 바울이 빌립보교회 성도들에게 돌아와서 더 살아야 하는 또 다른 이유는
무엇입니까?(1:26)

소감문

제2강

그리스도 예수의 마음으로 다른 사람을 섬기라

(빌립보서 1:27-2:30)

PHILIPPIANS

빌립보서 1:27-2:30

27 오직 너희는 그리스도의 복음에 합당하게 생활하라 이는 내가 너희에게 가 보나 떠
나 있으나 너희가 한마음으로 서서 한 뜻으로 복음의 신앙을 위하여 협력하는 것과 28
무슨 일에든지 대적하는 자들 때문에 두려워하지 아니하는 이 일을 듣고자 함이라 이
것이 그들에게는 멸망의 증거요 너희에게는 구원의 증거니 이는 하나님께로부터 난
것이라 29 그리스도를 위하여 너희에게 은혜를 주신 것은 다만 그를 믿을 뿐 아니라
또한 그를 위하여 고난도 받게 하려 하심이라 30 너희에게도 그와 같은 싸움이 있으니
너희가 내 안에서 본 바요 이제도 내 안에서 듣는 바니라

1 그러므로 그리스도 안에 무슨 권면이나 사랑의 무슨 위로나 성령의 무슨 교제나 긍
휼이나 자비가 있거든 2 마음을 같이하여 같은 사랑을 가지고 뜻을 합하며 한마음을
품어 3 아무 일에든지 다툼이나 허영으로 하지 말고 오직 겸손한 마음으로 각각 자기
보다 남을 낫게 여기고 4 각각 자기 일을 돌볼뿐더러 또한 각각 다른 사람들의 일을 돌
보아 나의 기쁨을 충만하게 하라 5 너희 안에 이 마음을 품으라 곧 그리스도 예수의 마
음이니 6 그는 근본 하나님의 본체시나 하나님과 동등됨을 취할 것으로 여기지 아니
하시고 7 오히려 자기를 비워 종의 형체를 가지사 사람들과 같이 되셨고 8 사람의 모양으
로 나타나사 자기를 낮추시고 죽기까지 복종하셨으니 곧 십자가에 죽으심이라 9 이
러므로 하나님이 그를 지극히 높여 모든 이름 위에 뛰어난 이름을 주사 10 하늘에 있는
자들과 땅에 있는 자들과 땅 아래에 있는 자들로 모든 무릎을 예수의 이름에 꿇게 하시고
11 모든 입으로 예수 그리스도를 주라 시인하여 하나님 아버지께 영광을 돌리게 하셨
느니라 12 그러므로 나의 사랑하는 자들아 너희가 나 있을 때뿐 아니라 더욱 지금 나 없을
때에도 항상 복종하여 두렵고 떨림으로 너희 구원을 이루라 13 너희 안에서 행하시는 이는
하나님이시니 자기의 기쁘신 뜻을 위하여 너희에게 소원을 두고 행하게 하시나니 14 모든
일을 원망과 시비가 없이 하라 15 이는 너희가 흠이 없고 순전하여 어그러지고 거스르는

세대 가운데서 하나님의 흠 없는 자녀로 세상에서 그들 가운데 빛들로 나타내며 16생명
의 말씀을 밝혀 나의 달음질이 헛되지 아니하고 수고도 헛되지 아니함으로 그리스도
의 날에 내가 자랑할 것이 있게 하려 함이라 17만일 너희 믿음의 제물과 섬김 위에 내가
나를 전제로 드릴지라도 나는 기뻐하고 너희 무리와 함께 기뻐하리니 18이와 같이 너희
도 기뻐하고 나와 함께 기뻐하라 19내가 디모데를 속히 너희에게 보내기를 주 안에서 바
람은 너희의 사정을 앎으로 안위를 받으려 함이니 20이는 뜻을 같이하여 너희 사정을 진
실히 생각할 자가 이밖에 내게 없음이라 21그들이 다 자기 일을 구하고 그리스도 예수의
일을 구하지 아니하되 22디모데의 연단을 너희가 아나니 자식이 아버지에게 함같이
나와 함께 복음을 위하여 수고하였느니라 23그러므로 내가 내 일이 어떻게 될지를 보
아서 곧 이 사람을 보내기를 바라고 24나도 속히 가게 될 것을 주 안에서 확신하노라 25
그러나 에바브로디도를 너희에게 보내는 것이 필요한 줄로 생각하노니 그는 나의 형제요
함께 수고하고 함께 군사 된 자요 너희 사자로 내가 쓸 것을 돕는 자라 26그가 너희 무리
를 간절히 사모하고 자기가 병든 것을 너희가 들은 줄을 알고 심히 근심한지라 27그
가 병들어 죽게 되었으나 하나님이 그를 긍휼히 여기셨고 그뿐 아니라 또 나를 긍휼
히 여기사 내 근심 위에 근심을 면하게 하셨느니라 28그러므로 내가 더욱 급히 그를
보낸 것은 너희로 그를 다시 보고 기뻐하게 하며 내 근심도 덜려 함이니라 29이러므
로 너희가 주 안에서 모든 기쁨으로 그를 영접하고 또 이와 같은 자들을 존귀히 여기
라 30그가 그리스도의 일을 위하여 죽기에 이르러도 자기 목숨을 돌보지 아니한 것은
나를 섬기는 너희의 일에 부족함을 채우려 함이니라

빌립보서 1:1-11은 인사말이었고, 1:12-26은 바울이 자신의 상황을 빌립보 교인들에게 알리면서 감사를 표현하는 내용이었습니다. 이제 바울은 본격적으로 빌립보교회 성도들의 상황에 초점을 맞추어 구체적으로 권고하기 시작합니다.

본문은 대략 다음과 같은 구조로 구성되어 있습니다.

1) 다른 사람의 유익을 먼저 생각하라(1:27-2:4)

2) 그리스도 예수의 태도를 본받으라(2:5-11)

3) 두렵고 떨림으로 너희 구원을 이루라 : 이스라엘 백성들의 예를 따르지 말라(2:12-18)

4) 그리스도를 따른 두 사람 : 디모데와 에바브로디도(2:19-30)

I. 다른 사람의 유익을 먼저 생각하라(1:27-2:4)

27 오직 너희는 그리스도의 복음에 합당하게 생활하라 이는 내가 너희에게 가 보
나 떠나 있으나 너희가 한마음으로 서서 한 뜻으로 복음의 신앙을 위하여 협력하
는 것과 28무슨 일에든지 대적하는 자들 때문에 두려워하지 아니하는 이 일을 듣
고자 함이라 이것이 그들에게는 멸망의 증거요 너희에게는 구원의 증거니 이는 하
나님께로부터 난 것이라 29그리스도를 위하여 너희에게 은혜를 주신 것은 다만 그
를 믿을 뿐 아니라 또한 그를 위하여 고난도 받게 하려 하심이라 30너희에게도 그
와 같은 싸움이 있으니 너희가 내 안에서 본 바요 이제도 내 안에서 듣는 바니라
1 그러므로 그리스도 안에 무슨 권면이나 사랑의 무슨 위로나 성령의 무슨 교제나
긍휼이나 자비가 있거든 2마음을 같이하여 같은 사랑을 가지고 뜻을 합하며 한마
음을 품어 3아무 일에든지 다툼이나 허영으로 하지 말고 오직 겸손한 마음으로 각
각 자기보다 남을 낫게 여기고 4각각 자기 일을 돌볼뿐더러 또한 각각 다른 사람들
의 일을 돌보아 나의 기쁨을 충만하게 하라

바울은 먼저 빌립보교회 성도들에게 그리스도의 복음에 합당하게 생활하라고 권면합니다.(27절) 여기서 '생활하라'는 말은 '어떤 도시의 시민권을 갖는다'라는 뜻입니다. 빌립보교회 성도들은 자신들이 로마의 시민인 것을 자랑스럽게 생각하고 있었습니다. 그런 상황에서 바울은 빌립보 교인들에게 그들의 참된 시민권은 하늘에 있다는 사실을 상기시킵니다. 복음에 합당하게 사는 것은 다른 말로 하면 '하늘나라의 시민'답게 사는 것입니다.

질문 1) 하늘나라의 시민답게 살려면 구체적으로 어떻게 살아야 할까요?

첫째로, 하늘나라 시민은 한 마음과 한 뜻으로 복음의 신앙을 위해 ________ 합니다.

둘째로, 하늘나라 시민은 대적하는 자를 ________ 말아야 합니다.

바울은 빌립보교회 성도들에게 고난도 은혜라고 역설합니다.(29절) 고난이 하나님께서 주시는 은혜라는 말은 상당히 충격적입니다. 그러나 그 말은 분명히 성경적입니다. 바울은 자신의 몸에 지닌 육체의 가시를 예수의 흔적이라고 불렀습니다. 그리고 늘 그 은혜를 자랑했습니다. 지금 빌립보교회 성도들도 동일한 상황에 직면해 있습니다. 그들은 박해를 받고 있었습니다. 그리스도인이라는 이유로 받는 고난은 참으로 놀라운 은혜이며, 그것은 곧 구원의 증거입니다. 우리는 분명히 은혜로 구원받습니다. 그런데 성경은 그 은혜 속에 고난도 포함되어 있다고 말합니다. 그러므로 고난당하는 것이 곧 구원의 증거가 되는 것입니다. 빌립보교회 성도들은 바울의 삶을 통하여 그것을 보았고, 지금 말씀으로 듣고 있습니다. 바울은 고난이 은혜라는 사실을 자신의 삶과 설교로 보여주었습니다. 그리스도를 위해 고난당하는 것은 참으로 큰 은혜입니다. 왜냐하면 그리스도를 위해 고난당한다는 것은 미래에 구원받을 것을 알려주는 참된 증거이기 때문입니다.(28절)

질문 2) 다른 사람을 돌보고 섬기는 삶을 사는 자들에게 반드시 전제되어야 하는 것은 무엇일까요?(2:1)

앞에서 설명한 것처럼 2:1-4은 전체가 한 문장입니다. 1절은 조건절이고 2-4절이 주절입니다. 그런데 2-4절에서 '나의 기쁨을 충만하게 하라'만 명령이고 나머지는 모두 방법을 가리키는 분사입니다. 따라서 나머지 분사들은 모두 기쁨을 충만하게 하는 방법이라고 볼 수 있습니다. 문장의 어순 때문에 우리말 번역에서는 '나의 기쁨을 충만하게 하라'가 제일 뒤에 나오지만 헬라어 성경에서는 제일 앞에 나옵니다. '나의 기쁨을 충만하게 하라'는 말은 '나의 기쁨의 잔을 가득 채우라'는 말입니다. 이미 빌립보교회 성도들은 바울의 기쁨인데 이제 그 기쁨을 가득 채우라는 것입니다.

그렇다면 빌립보교회 성도들은 무엇을 해야 할까요? 빌립보교회 성도들이 해야 할 일은 "마음을 같이하여 같은 사랑을 가지고, 뜻을 합하여 한 마음을 품어, 아무 일에든지 다툼이나 허영으로 하지 말고, 오직 겸손한 마음으로 각각 자기보다 남을 낫게 여기고, 각각 자기 일을 돌볼뿐더러 또한 각각 다른 사람들의 일을 돌보는" 것입니다. 이 모든 것은 한 마디로 말하면 성도간의 섬김을 가리킵니다. 바울이 지금 빌립보교회 성도들에게 기대하는 것은 성도들끼리 서로 돌보고 섬기는 것입니다. 빌립보교회 성도들은 바울을 참으로 사랑하고 극진히 섬겼습니다. 그것은 분명히 바울에게 큰 기쁨이었습니다. 그런데 성도들 상호간에는 다툼이 있었습니다. 바울은 그것 때문에 가슴이 아팠습니다. 그래서 이제 성도들끼리도 서로 사랑하고 섬겨서 기쁨을 충만하게 해 달라고 부탁하는 것입니다.

II. 그리스도 예수의 태도를 본받으라(2:5-11)

5너희 안에 이 마음을 품으라 곧 그리스도 예수의 마음이니 6그는 근본 하나님의
본체시나 하나님과 동등됨을 취할 것으로 여기지 아니하시고 7오히려 자기를 비워
종의 형체를 가지사 사람들과 같이 되셨고 8사람의 모양으로 나타나사 자기를 낮추
시고 죽기까지 복종하셨으니 곧 십자가에 죽으심이라 9이러므로 하나님이 그를

지극히 높여 모든 이름 위에 뛰어난 이름을 주사 [10]하늘에 있는 자들과 땅에 있는 자
들과 땅 아래에 있는 자들로 모든 무릎을 예수의 이름에 꿇게 하시고 [11]모든 입으로
예수 그리스도를 주라 시인하여 하나님 아버지께 영광을 돌리게 하셨느니라

이제 바울은 다른 사람을 섬기는 예를 보여주기 위해 예수님을 모델로 제시합니다. 진정으로 다른 사람을 섬기기 원한다면 먼저 그리스도 예수의 마음을 본받아야 합니다. 여기서 예수의 마음이란 단순히 내적인 마음상태가 아니라 예수님의 삶의 태도를 가리킵니다. 성도 간에 갈등이 있었던 빌립보교회를 향하여 바울은 예수님의 삶의 태도를 교회가 함께 본받아야 할 모델로 제시합니다.

질문 3) 그리스도 예수의 태도는 구체적으로 어떻게 나타났습니까?(2:5-8)

우리말 번역에서 그리스도 예수의 마음이라고 번역했지만 원문에는 마음이라는 단어가 없습니다. 문맥을 보면 그리스도 예수의 마음보다는 삶의 태도가 더욱 적절합니다. 바울은 그리스도 예수의 삶의 태도를 본받으라고 권면합니다.

1) 그는 근본 하나님의 ________시나 하나님과 __________을 취할 것으로 여기지 않았습니다.(6절)

2) 자기를 비워 ____________를 가지사 사람들과 같이 되셨고 사람의 ______으로 나타나셨습니다.(7-8절)

3) 자기를 낮추시고 죽기까지 복종하셨으니 곧 _____에 죽으셨습니다.(8절)

예수님께서 이렇게 자기를 낮추셨을 때, 하나님은 그를 어떻게 하셨을까요? 첫째로, 하나님은 예수님을 지극히 높여 모든 이름위에 뛰어난 이름을 주셨습니다.(9절) 예수님께서 자신을 가장 낮은 자리까지 낮추셨을 때, 하나님은 그를 가장 높은 자리까지 올리셨습니다. 둘째로, 하늘에 있는 자들과 땅에 있는 자들과 땅 아래 있는 자들로 모든 무릎을 예수의 이름에 꿇게 하셨습니다.(10절) 여기서 하늘과 땅과 땅 아래는 각각 개별적인 의미를 갖는다기보다 모든 존재가 예수님의 이름 앞에 굴복했다는 것을 의미합니다. 셋째로, 모든 입으로 예수 그리스도를 주라 시인하여 하나님 아버지께 영광을 돌리게 하셨습니다.(11절) 로마황제를 주로 섬기던 당시의 정황에서 예수님을 주로 고백한다는 것은 목숨까지 걸어야 하는 위험한 일이었습니다. 하나님은 예수님을 가장 높은 자리까지 올려서 모든 사람이 예수 그리스도를 주님으로 고백하게 만드셨습니다. 예수님께서 자기를 완전히 낮추셨을 때, 하나님은 그를 지극히 높이셨습니다.

III. 두렵고 떨림으로 너희 구원을 이루라(2:12-18)

---

12 그러므로 나의 사랑하는 자들아 너희가 나 있을 때뿐 아니라 더욱 지금 나 없을 때에
도 항상 복종하여 두렵고 떨림으로 너희 구원을 이루라 13너희 안에서 행하시는 이는
하나님이시니 자기의 기쁘신 뜻을 위하여 너희에게 소원을 두고 행하게 하시나니 14
모든 일을 원망과 시비가 없이 하라 15이는 너희가 흠이 없고 순전하여 어그러지고
거스르는 세대 가운데서 하나님의 흠 없는 자녀로 세상에서 그들 가운데 빛들로 나타
내며 16생명의 말씀을 밝혀 나의 달음질이 헛되지 아니하고 수고도 헛되지 아니함
으로 그리스도의 날에 내가 자랑할 것이 있게 하려 함이라 17만일 너희 믿음의 제물
과 섬김 위에 내가 나를 전제로 드릴지라도 나는 기뻐하고 너희 무리와 함께 기뻐하리
니18이와 같이 너희도 기뻐하고 나와 함께 기뻐하라

이제 바울은 그리스도의 모범에 근거하여 빌립보 교인들에게 권면합니다. "너희가 나 있을 때뿐 아니라 더욱 지금 나 없을 때에도 항상 복종하여 두렵고 떨림으로 너희 구원을 이루라."(12절) 바울은 그리스도께서 복종하신 것처럼

복종하라고 권면합니다. 이제 바울은 복종하지 않다가 멸망한 이스라엘 백성들을 부정적인 모델로 제시합니다. 바울이 광야에서 불순종한 이스라엘 백성을 예로 드는 이유는 그런 잘못에 빠지지 않도록 빌립보교회 성도들에게 경고하기 위해서입니다.

질문 4) 빌립보서 2:12에 있는 "두렵고 떨림으로 구원을 이루라"는 말씀과 에베소서 2:8-9에 있는 "너희가 그 은혜를 인하여 믿음으로 말미암아 구원을 얻었다"는 말씀은 어떻게 조화될 수 있을까요? 구원은 하나님께서 이루는 것일까요, 아니면 우리 스스로의 힘으로 이루어가야 하는 것일까요?(2:12-13)

이제 바울은 공동체 안에서 사람들을 대할 때 원망과 시비가 없이 하라고 권면합니다.(14절) 원망과 시비가 없이 하라는 말은 광야의 이스라엘 백성들을 염두에 두고 한 말입니다. 이스라엘 백성들은 광야에서 끊임없이 원망하고 불평

했습니다. 바울은 빌립보교회 성도들이 조상들의 잘못을 거울삼아 동일한 실수를 반복하지 말기를 바라면서 이 말씀으로 권고합니다.

그렇다면 우리가 원망과 시비가 없는 삶을 살아야 하는 주된 목적은 무엇일까요? 15절에 따르면 그것은 바로 어그러지고 거스르는 세대 가운데서 하나님의 흠 없는 자녀가 되어 세상에서 빛을 비추기 위해서입니다. 여기서 '어그러지고 거스르는 세대'라는 표현도 역시 광야의 이스라엘 백성을 염두에 둔 표현입니다. 본래 이스라엘 백성들은 이방의 빛으로 부르심을 받았습니다. 그러나 그들은 불순종하여 그 사명을 제대로 감당하지 못했습니다. 그러므로 이제 영적 이스라엘인 그리스도인들이 그 사명을 감당해야 합니다.

그렇다면 그리스도인이 세상의 빛이 되려면 어떻게 해야 할까요? 16절에 따르면 생명의 말씀을 밝혀야 합니다. 생명의 말씀을 밝힌다는 것은 생명의 말씀을 굳게 붙잡는 것을 가리킵니다. 생명의 말씀이란 복음을 가리킵니다. 예수 그리스도의 삶은 복음을 붙잡고 사는 삶의 좋은 본입니다. 예수 그리스도께서 자기를 낮추시고 복종한 것처럼 우리도 그렇게 자신을 낮추고 복종하면 세상에서 빛으로 드러나게 될 것입니다.

질문 5) 예수 그리스도께서 재림하실 때, 바울의 자랑거리는 무엇입니까? 또한 바울은 지금 이 땅의 삶에서 무엇을 기뻐하고 있습니까?(2:16-18)

1) 예수 그리스도께서 재림하실 때, 바울의 자랑거리는 무엇입니까?(16절)

2) 바울은 지금 이 땅의 삶에서 무엇을 기뻐하고 있습니까?(17-18절)

IV. 그리스도를 따른 두 사람 : 디모데와 에바브로디도(2:19-30)

19내가 디모데를 속히 너희에게 보내기를 주 안에서 바람은 너희의 사정을 앎으로 안
위를 받으려 함이니 20이는 뜻을 같이하여 너희 사정을 진실히 생각할 자가 이밖에 내
게 없음이라 21그들이 다 자기 일을 구하고 그리스도 예수의 일을 구하지 아니하되 22
디모데의 연단을 너희가 아나니 자식이 아버지에게 함같이 나와 함께 복음을 위하
여 수고하였느니라 23그러므로 내가 내 일이 어떻게 될지를 보아서 곧 이 사람을 보
내기를 바라고 24나도 속히 가게 될 것을 주 안에서 확신하노라 25그러나 에바브로
디도를 너희에게 보내는 것이 필요한 줄로 생각하노니 그는 나의 형제요 함께 수고하
고 함께 군사 된 자요 너희 사자로 내가 쓸 것을 돕는 자라 26그가 너희 무리를 간절히
사모하고 자기가 병든 것을 너희가 들은 줄을 알고 심히 근심한지라 27그가 병들
어 죽게 되었으나 하나님이 그를 긍휼히 여기셨고 그뿐 아니라 또 나를 긍휼히 여
기사 내 근심 위에 근심을 면하게 하셨느니라 28그러므로 내가 더욱 급히 그를 보
낸 것은 너희로 그를 다시 보고 기뻐하게 하며 내 근심도 덜려 함이니라 29이러므

로 너희가 주 안에서 모든 기쁨으로 그를 영접하고 또 이와 같은 자들을 존귀히 여
기라 30 그가 그리스도의 일을 위하여 죽기에 이르러도 자기 목숨을 돌보지 아니한
것은 나를 섬기는 너희의 일에 부족함을 채우려 함이니라

빌립보교회 성도들을 복음에 합당한 자로 세우기 위해 바울은 2:5-11에서 예수 그리스도의 예를 제시하였고, 2:12-18에서는 그 길을 따르지 못하고 불순종한 이스라엘 백성들의 예를 들어 경고했습니다. 이제 바울은 디모데와 에바브로디도의 예를 통해서 복음에 대한 헌신과 희생의 모델을 제시합니다. 여기서 디모데와 에바브로디도가 모델로 제시되는 것은 중요한 의미가 있습니다. 앞에서 바울이 순종의 모델로 제시한 예수님은 사실 감히 흉내 내기도 어려운 존재이기에 빌립보교회 성도들의 입장에서는 무엇인가 피부에 와 닿을 수 있는 모델이 필요했습니다. 그래서 바울은 평범한 사람들인 디모데와 에바브로디도를 그리스도인의 삶의 모델로 제시합니다.

질문 6) 디모데의 예를 통하여 어떤 사람을 복음을 위한 일꾼으로 세워야 할지 생각해 보십시오.(2:19-24)

바울은 두 가지 차원에서 디모데를 좋은 일꾼의 예로 제시합니다.

첫째로, 디모데는 ________을 가지고 있는 사람입니다.(20절)

둘째, 디모데는 ________보다 ________________을 먼저 생각하는 사람입니다.(21-22절)

질문 7) 바울은 에바브로디도를 어떤 사람으로 평가하고 있습니까?(25절)

닫는 말

복음에 합당하게 생활하십시오

첫째로, 복음에 합당하게 생활하는 길은 온 교회가 복음을 위해 한 마음을 품는 것입니다.

둘째로, 복음에 합당하게 생활하는 길은 복음의 일꾼들을 사랑으로 섬기는 것입니다.

복습문제

질문 1) 하늘나라의 시민답게 살려면 구체적으로 어떻게 살아야 할까요?

질문 2) 다른 사람을 돌보고 섬기는 삶을 사는 자들에게 반드시 전제되어야 하는 것은 무엇일까요?(2:1)

질문 3) 그리스도 예수의 삶의 태도는 구체적으로 어떻게 나타났습니까?(2:5-8)

질문 4) 빌립보서 2:12에 있는 "두렵고 떨림으로 구원을 이루라"는 말씀과 에베소서 2:8-9에 있는 "너희가 그 은혜를 인하여 믿음으로 말미암아 구원을 얻었다"는 말씀은 어떻게 조화될 수 있을까요? 구원은 하나님께서 이루는 것일까요, 아니면 우리 스스로의 힘으로 이루어가야 하는 것일까요?(2:12-13)

질문 5) 예수 그리스도께서 재림하실 때, 바울의 자랑거리는 무엇입니까? 또한 바울은 지금 이 땅의 삶에서 무엇을 기뻐하고 있습니까?(2:16-18)

1) 예수 그리스도께서 재림하실 때, 바울의 자랑거리는 무엇입니까?(16절)

2) 바울은 지금 이 땅의 삶에서 무엇을 기뻐하고 있습니까?(17-18절)

질문 6) 디모데의 예를 통하여 어떤 사람을 복음을 위한 일꾼으로 세워야 할지 생각해 보십시오.(2:19-24)

질문 7) 바울은 에바브로디도를 어떤 사람으로 평가하고 있습니까?(25절)

소감문

제3강

거짓 가르침에 속지 말고 푯대를 향하여 달려가라

(빌립보서 3:1-4:1)

PHILIPPIANS

빌립보서 3:1-4:1

1 끝으로 나의 형제들아 주 안에서 기뻐하라 너희에게 같은 말을 쓰는 것이 내게는
수고로움이 없고 너희에게는 안전하니라 2개들을 삼가고 행악하는 자들을 삼가고
몸을 상해하는 일을 삼가라 3하나님의 성령으로 봉사하며 그리스도 예수로 자랑
하고 육체를 신뢰하지 아니하는 우리가 곧 할례파라 4그러나 나도 육체를 신뢰할
만하며 만일 누구든지 다른 이가 육체를 신뢰할 것이 있는 줄로 생각하면 나는 더
욱 그러하리니 5나는 팔일 만에 할례를 받고 이스라엘 족속이요 베냐민 지파요 히
브리인 중의 히브리인이요 율법으로는 바리새인이요 6열심으로는 교회를 박해하
고 율법의 의로는 흠이 없는 자라 7그러나 무엇이든지 내게 유익하던 것을 내가 그
리스도를 위하여 다 해로 여길뿐더러 8또한 모든 것을 해로 여김은 내 주 그리스도
예수를 아는 지식이 가장 고상하기 때문이라 내가 그를 위하여 모든 것을 잃어버
리고 배설물로 여김은 그리스도를 얻고 9그 안에서 발견되려 함이니 내가 가진 의
는 율법에서 난 것이 아니요 오직 그리스도를 믿음으로 말미암은 것이니 곧 믿음
으로 하나님께로부터 난 의라 10내가 그리스도와 그 부활의 권능과 그 고난에 참여
함을 알고자 하여 그의 죽으심을 본받아 11어떻게 해서든지 죽은 자 가운데서 부
활에 이르려 하노니 12내가 이미 얻었다 함도 아니요 온전히 이루었다 함도 아니라
오직 내가 그리스도 예수께 잡힌 바 된 그것을 잡으려고 달려가노라 13형제들아 나
는 아직 내가 잡은 줄로 여기지 아니하고 오직 한 일 즉 뒤에 있는 것은 잊어버리고
앞에 있는 것을 잡으려고 14푯대를 향하여 그리스도 예수 안에서 하나님이 위에서
부르신 부름의 상을 위하여 달려가노라 15그러므로 누구든지 우리 온전히 이룬 자
들은 이렇게 생각할지니 만일 어떤 일에 너희가 달리 생각하면 하나님이 이것도 너
희에게 나타내시리라 16오직 우리가 어디까지 이르렀든지 그대로 행할 것이라 17
형제들아 너희는 함께 나를 본받으라 그리고 너희가 우리를 본받은 것처럼 그와 같
이 행하는 자들을 눈여겨 보라 18내가 여러 번 너희에게 말하였거니와 이제도 눈물

을 흘리며 말하노니 여러 사람들이 그리스도의 십자가의 원수로 행하느니라 19그
들의 마침은 멸망이요 그들의 신은 배요 그 영광은 그들의 부끄러움에 있고 땅의
일을 생각하는 자라 20그러나 우리의 시민권은 하늘에 있는지라 거기로부터 구원
하는 자 곧 주 예수 그리스도를 기다리노니 21그는 만물을 자기에게 복종하게 하실
수 있는 자의 역사로 우리의 낮은 몸을 자기 영광의 몸의 형체와 같이 변하게 하시
리라
1그러므로 나의 사랑하고 사모하는 형제들, 나의 기쁨이요 면류관인 사랑하는 자
들아 이와 같이 주 안에 서라

신학과 실천을 균형있게 다루었던 다른 바울서신들과 마찬가지로, 빌립보서도 1-2장에서는 깊은 신학을 다루고 3-4장에서는 실제적인 삶의 원리를 다룹니다. 바울은 먼저 '주 안에서 기뻐하라'고 권면한 후 빌립보교회를 위협하던 유대주의자들에 대해 경계하라고 말합니다. 바울이 유대주의자들을 지칭하는 단어를 보면 이 유대주의자들이 어떤 사람들이었는가를 미루어 짐작하여 알 수 있습니다.(2절)

첫째로, 바울은 유대주의자들을 '개'라고 지칭합니다. 개는 음식을 먹는 습관 때문에 부정한 동물의 상징입니다. 본래 이 말은 유대인들이 이방인을 향해서 지칭하던 표현입니다. 유대인들은 이방인들이 음식규례를 지키지 않는다고 해서 개처럼 취급했습니다. 그런데 바울은 지금 거꾸로 유대인들을 향해서 개라고 부릅니다. 그 이유는 개의 또 다른 특징 때문입니다. 개는 먹을 것만 있으면 자신을 반기지 않는 곳이라도 어디든지 갑니다. 지금 유대주의자들은 이방인들을 유대교화하기 위해 어디든지 찾아다니고 있습니다. 그래서 바울은 유대주의자들을 향하여 개들이라고 부르는 것입니다.

둘째로, 바울은 유대주의자들을 '행악하는 자들'이라고 지칭합니다. 유대주의자들은 자신들이 율법을 잘 지키기 때문에 선을 행하는 자라고 생각했습니다. 그러나 그들은 자신들의 고집 때문에 이방인 신자들의 믿음을 꺾고 있습니다. 그런 면에서 보면 그들은 마귀의 일을 하고 있는 것입니다. 그래서 바울은 그들을 행악자라고 부릅니다. 오늘날도 극단적인 자기 독선에 빠진 사람들은 이런 식으로 악을 행하는 경우가 있습니다.

셋째로, 바울은 그들을 '몸을 상해하는 자들'이라고 지칭합니다. 유대주의자들은 이방인 교회를 찾아다니면서 할례를 받아야 한다고 주장하여 이방인 성도들을 혼란에 빠트렸습니다. 바울은 그런 유대주의자들을 조롱하는 뜻으로 몸을 상해하는 자들이라고 불렀습니다. 할례는 본래 살을 베는 행위 자체보다 그 행위에 담긴 상징적인 의미가 더 중요했습니다. 그런데 지금 유대주의자들은 할례의 의미보다 살을 베는 행위 자체를 더 중요하게 여기고 있는 것입니다. 율법은 본래 의미 없이 살을 베는 것을 금하고 있습니다. 그러므로 할례에 담긴 진정한 의미를 알지 못한 채 살을 베는 행위만 강조하는 자들은 실상은 율법을 어기는 자들이 됩니다.

당시 유대주의자들의 가장 근본적인 문제는 율법의 외형만 추구하는 것이었습니다. 할례를 강조한 것이 좋은 예입니다. 할례는 본래 언약백성의 표시로 행했던 상징적인 의식이었습니다. 계약이라는 단어는 본래 '자른다'는 단어에서 나왔습니다. 고대 이스라엘 사람들은 짐승을 두 부분으로 잘라놓고 계약을 맺었습니다. 그것은 계약을 어기는 자는 반드시 이 짐승처럼 잘려질 것이라는 의미입니다. 할례는 이스라엘 백성들이 하나님과 계약을 맺었다는 의미로 남성 생식기의 표피를 잘라내는 것입니다. 그러므로 중요한 것은 그 행위가 아니라 언약백성으로서의 구별된 삶입니다. 그런데 유대주의자들은 그런 구별된 삶은 살지 않으면서 할례받은 자라는 자부심만 가지고 있었습니다. 더 나아가 이들은 할례를 받을 필요가 없는 이방인들도 자신들처럼 유대교화하려고 애쓰고 있었습니다. 이런 행위는 구약의 율법을 완성한 신약시대의 복음의 영광을 훼손하고 오히려 다시 구약시대로 돌려놓는 시대착오적 행위였습니다.

질문 1) 그렇다면 어떤 사람들이 형식이 아닌 의미를 계승하는 진정한 할례파일까요?(3:3, 요 4:24, 갈 6:14, 신 10:16, 렘 4:4)

첫째로, 진정한 할례파는 하나님의 ________으로 ________하는 자입니다.(신 10:16, 렘 4:4, 요4:24)

신명기 10:16 그러므로 너희는 마음에 할례를 행하고 다시는 목을 곧게 하지 말라

예레미야 4:4 유다인과 예루살렘 주민들아 너희는 스스로 할례를 행하여 너희 마음 가죽을 베고 나 여호와께 속하라 그리하지 아니하면 너희 악행으로 말미암아 나의 분노가 불 같이 일어나 사르리니 그것을 끌 자가 없으리라

요한복음 4:24 하나님은 영이시니 예배하는 자가 영과 진리로 예배할지니라

---

2) 진정한 할례파는 그리스도 ________로 ________하는 자입니다.(갈 6:14)

갈라디아서 6:14 그러나 내게는 우리 주 예수 그리스도의 십자가 외에 결코 자랑할 것이 없으니 그리스도로 말미암아 세상이 나를 대하여 십자가에 못 박히고 내가 또한 세상을 대하여 그러하니라

---

3) 진정한 할례파는 ________를 ________하지 않는 자입니다.(4-6절)

이제 바울은 거듭나기 이전의 자랑거리들을 하나하나 열거합니다.(3:4-8) 첫째로, 그는 팔일 만에 할례를 받았습니다. 그 말은 날 때부터 유대인이라는 뜻입니다. 태어날 때부터 유대인이었던 정통 유대인 남성은 난지 팔일 만에 할례를 받았습니다. 그러나 이방인 개종자들은 어른이 되어서야 할례를 받았습니다. 둘째로, 바울은 이스라엘 족속이었습니다. 이 말은 하나님의 선민인 언약백성이라는 뜻입니다. 셋째로, 그는 또한 베냐민 지파 출신이었습니다. 베냐민은 야곱의

열 두 아들 중에서 거룩한 땅에서 태어난 유일한 아들입니다.(창35:16-18) 이스라엘의 초대 왕이었던 사울도 베냐민 지파 출신입니다. 그런 이유로 베냐민 지파 출신들은 상당한 태생적 자부심을 가지고 있었습니다. 넷째로, 그는 히브리인 중의 히브리인이었습니다. 히브리인 중의 히브리인이라는 말은 부모가 모두 히브리인이라는 뜻입니다. 부모 가운데 한 명만 히브리인이어도 히브리인으로 인정합니다. 또한 이방인 개종자가 히브리인이 되는 경우도 있습니다. 그러나 바울은 그런 사람이 아니었습니다. 그는 부모가 모두 히브리인이었던 정통 히브리인입니다. 다섯째로, 그는 바리새인이었습니다. 바리새인은 율법을 철저히 지켰던 바리새파 사람들을 가리키는 말입니다. 복음서에서 예수님이 워낙 신랄하게 그들의 위선을 공격하셨기 때문에 우리에게는 바리새인에 대해 부정적인 이미지가 남아 있지만 사실 바리새인들은 율법을 철저히 지켜서 나름대로 백성들의 존경을 받았습니다. 바울은 당시 유명한 바리새파 지도자였던 가말리엘 문하에서 공부한 사람입니다. 여섯째로, 그는 열심으로는 교회를 핍박한 자입니다. 유대 전통에서 하나님을 향한 열심은 상당한 존중을 받았습니다. 바울은 그런 전통에 따라 하나님을 향한 열심 때문에 그리스도의 교회를 핍박했습니다. 일곱째로, 그는 율법의 의로는 흠이 없는 자였습니다. 바울은 나름대로 율법을 철저히 지켜서 스스로 율법의 의로는 흠이 없다고 생각했습니다.

질문 2) 왜 바울은 자신의 과거 자랑거리들을 열거하고 있을까요?(4:7-8)

질문 3) 바울의 장래 소망은 무엇입니까?(3:8-11)

바울의 장래 소망은 크게 두 가지로 나타납니다.

첫째, 그의 장래 소망은 ____________를 얻고 그 안에서 _________되는 것입니다.(8-9절)

둘째, 바울의 장래 소망은 그리스도를 _______ 것입니다.(10-11절)

바울은 이 두 가지 소망을 위해 매일 그의 죽으심을 본받는 삶을 살았습니다.(10절) 여기서 죽으심을 본받는다는 것은 두 가지 의미를 갖습니다. 첫째는 매일 고난의 십자가를 지는 삶을 가리키고, 둘째는 실제로 순교할 각오를 가지고 산다는 말입니다. 사실 이 둘은 서로 긴밀히 연관되어 있습니다. 매일 자신의 옛사람을 죽이고 십자가에 자기를 복종시키는 삶을 사는 자가 결정적인 기회가 되었을 때 자신의 생명을 드릴 수 있는 것입니다. 바울은 그리스도의 죽음을 본받기 위해 날마다 자기를 죽이는 삶을 살았습니다. 바울이 그리스도의 죽음을 본받아 날마다 자기를 죽이는 삶을 산 목적은 부활에 이르기 위해서입니다.(11절) 십자가에서 하나님의 사랑이 증명되었다면 부활에서는 하나님의 권능이 증명되었습니다. 그래서 바울은 이 부활에 참여하기를 소망했습니다. 여기서 부활에 참여한다는 것도 역시 두 가지 차원이 있습니다. 첫째는 이 땅의 삶에서 매일 그의 권능을 힘입어 살아가는 것이고, 둘째는 실제로 마지막 날에 부활하는 것입니다. 지금 이 곳에서 부활하신 그리스도와 연합하는 삶을 사는 자가 마지막 날에 실제로 부활을 경험하게 될 것입니다. 에베소서 1:19에서 바울은 이렇게 말했습니다. "그의 힘의 위력으로 역사하심을 따라 믿는 우리에게 베푸신 능력의 지극히 크심이 어떠한 것을 너희로 알게 하시기를 구하노라." 지금 이 곳에서 부활의 능력을 체험하고 사는 자가 마지막 날에 있을 부활을 더욱 사모하게 될 것입니다. 그러므로 이 땅에 사는 동안 고난당하시고 부활하신 그리스도를 체험적으로 알기 위해 더욱 힘쓰시기를 바랍니다.

그렇다면 그리스도를 알고 그 안에서 발견되기를 소망하는 그리스도인은 어떤 삶의 자세를 가지고 살아야 할까요?(3:12-14) 그리스도를 알고 그 안에서 발견되기를 소망한다면 이미 얻었다고 생각하거나 온전히 이루었다고 생각하지 말고, 푯대를 향하여 경주하는 삶을 살아야 합니다. 빌립보교회 성도들 가운데는 이미 결승점에 도달한 것처럼 방종하는 사람들이 있었습니다. 바울은 그런 자들에게 그리스도인의 삶은 경주하는 삶이라고 역설합니다. 바울은 다메섹 도상에서 그리스도께 잡혔습니다. 그가 먼저 그리스도를 잡은 것이 아니고 그리스도께서 먼저 그를 잡으셨습니다. 이것이 기독교 신앙의 특징입니다. 그런데 그리스도께서 우리를 잡으신 데는 목적이 있습니다. 그것은 바로 우리가 그리스도의 완전함에 이르는 것입니다. 비록 바울이 상당한 영적 성장을 경험했지만, 그럼에도 불구하고 그는 아직 영광의 순간에 이르지 못했습니다. 바울은 그것을 이루기 위해 늘 경주하는 삶을 살았습니다.

질문 4) 영적인 경주자는 어떤 목표를 가지고 어떻게 살아야 할까요?(13-14절)

1) 영적인 경주자는 어떤 목표를 가지고 살아야 할까요?(14절)

2) 영적인 경주자는 어떻게 살아야 할까요?(13절)

이제 바울은 자기 자신을 성도들이 본받을 삶의 모델로 제시합니다.(3:17) 오늘 우리의 생각으로는 자기 자신을 본받을 모델로 제시하는 것이 너무 교만하게 보입니다. 그러나 바울이 자신을 본받으라고 말할 때는 기본적으로 자신이 그리스도를 본받는다는 것을 전제한 것입니다. 바울이 이렇게 말하는 것은 실제적인 이유 때문입니다. 사실 그리스도를 본받는 것은 너무 추상적인 것으로 생각됩니다. 그러나 실제로 생존해 있는 인물을 본받는 것은 상대적으로 더 가깝고 쉽게 느껴집니다. 본받는 것은 고리처럼 연결되어 있습니다. 바울은 그리스도를 본받고, 빌립보교회 지도자들은 바울을 본받고, 빌립보교회 성도들은 그들의 지도자를 본받는 것입니다. 바울은 본받을 사람들을 눈여겨보라고 권합니다. 오늘 우리에게는 사람을 보고 본받으라고 말하는 것이 낯설게 느껴지지만 고대 사회에는 도제관계가 매우 발달해 있었습니다. 당시 대부분의 교육은 도제관계로 이루어집니다. 보고 배우는 것입니다. 사실 오늘 우리도 마찬가지입니다. 우리는 결국 보고 배우게 됩니다. 바울은 바로 그런 면에서 자신을 본받으라고 말한 것입니다.

질문 5) 바울은 눈물을 흘리며 그리스도의 십자가의 원수들을 따르지 말라고 경고합니다. 그렇다면 바울이 말하는 그리스도의 십자가의 원수는 구체적으로 누구를 가리킬까요?(3:18-19)

질문 6) 유대주의자들이 할례와 같은 외적이고 일시적인 것에 관심을 두고 있다면 그리스도인은 무엇에 관심을 두고 살아야 할까요?(3:20-21)

닫는 말

오직 주 안에 굳게 서십시오 (4:1)

"그러므로 나의 사랑하고 사모하는 형제와 자매들, 나의 기쁨이요 면류관인 사랑하는 (　　　　)교회 성도 여러분! 이와같이 주님 안에 굳게 서십시오. 세상의 유혹이 있어도 흔들리지 마십시오. 낙심되는 일이 있어도 포기하지 마십시오. 주님께서 다시 오실 때까지 주님 안에 굳게 서십시오."

복습문제

질문 1) 그렇다면 어떤 사람들이 형식이 아닌 의미를 계승하는 진정한 할례파일까요?(3:3, 요 4:24, 갈 6:14, 신 10:16, 렘 4:4)

질문 2) 왜 바울은 여기서 자신의 과거 자랑거리들을 열거하고 있을까요?(4:7-8)

질문 3) 바울의 장래 소망은 무엇입니까?(3:8-11)

질문 4) 영적인 경주자는 어떤 목표를 가지고, 어떻게 살아야 할까요?(13-14절)

1) 영적인 경주자는 어떤 목표를 가지고 살아야 할까요?(14절)

2) 영적인 경주자는 또한 어떻게 살아야 할까요?(13절)

질문 5) 바울은 눈물을 흘리며 그리스도의 십자가의 원수들을 따르지 말라고 경고합니다. 그렇다면 바울이 말하는 그리스도의 십자가의 원수는 구체적으로 누구를 가리킬까요?(3:18-19)

질문 6) 유대주의자들이 할례와 같은 외적이고 일시적인 것에 관심을 두고 있다면 그리스도인은 무엇에 관심을 두고 살아야 할까요?(3:20-21)

소감문

제4강

주 안에서 같은 마음을 품으라

(빌립보서 4:2-23)

PHILIPPIANS

빌립보서 4:2-23

2내가 유오디아를 권하고 순두게를 권하노니 주 안에서 같은 마음을 품으라 3또 참
으로 나와 멍에를 같이한 네게 구하노니 복음에 나와 함께 힘쓰던 저 여인들을 돕
고 또한 글레멘드와 그 외에 나의 동역자들을 도우라 그 이름들이 생명책에 있느니
라 4주 안에서 항상 기뻐하라 내가 다시 말하노니 기뻐하라 5너희 관용을 모든 사
람에게 알게 하라 주께서 가까우시니라 6아무 것도 염려하지 말고 다만 모든 일에
기도와 간구로, 너희 구할 것을 감사함으로 하나님께 아뢰라 7그리하면 모든 지각
에 뛰어난 하나님의 평강이 그리스도 예수 안에서 너희 마음과 생각을 지키시리라
8끝으로 형제들아 무엇에든지 참되며 무엇에든지 경건하며 무엇에든지 옳으며 무
엇에든지 정결하며 무엇에든지 사랑 받을 만하며 무엇에든지 칭찬 받을 만하며 무
슨 덕이 있든지 무슨 기림이 있든지 이것들을 생각하라 9너희는 내게 배우고 받고
듣고 본 바를 행하라 그리하면 평강의 하나님이 너희와 함께 계시리라 10내가 주
안에서 크게 기뻐함은 너희가 나를 생각하던 것이 이제 다시 싹이 남이니 너희가
또한 이를 위하여 생각은 하였으나 기회가 없었느니라 11내가 궁핍하므로 말하는
것이 아니니라 어떠한 형편에든지 나는 자족하기를 배웠노니 12나는 비천에 처할
줄도 알고 풍부에 처할 줄도 알아 모든 일 곧 배부름과 배고픔과 풍부와 궁핍에도
처할 줄 아는 일체의 비결을 배웠노라 13내게 능력 주시는 자 안에서 내가 모든 것
을 할 수 있느니라 14그러나 너희가 내 괴로움에 함께 참여하였으니 잘하였도다 15
빌립보 사람들아 너희도 알거니와 복음의 시초에 내가 마게도냐를 떠날 때에 주고
받는 내 일에 참여한 교회가 너희 외에 아무도 없었느니라 16데살로니가에 있을 때
에도 너희가 한 번뿐 아니라 두 번이나 나의 쓸 것을 보내었도다 17내가 선물을 구
함이 아니요 오직 너희에게 유익하도록 풍성한 열매를 구함이라 18내게는 모든 것
이 있고 또 풍부한지라 에바브로디도 편에 너희가 준 것을 받으므로 내가 풍족하니
이는 받으실 만한 향기로운 제물이요 하나님을 기쁘시게 한 것이라 19나의 하나님

이 그리스도 예수 안에서 영광 가운데 그 풍성한 대로 너희 모든 쓸 것을 채우시리라
20하나님 곧 우리 아버지께 세세 무궁하도록 영광을 돌릴지어다 아멘 21그리스도
예수 안에 있는 성도에게 각각 문안하라 나와 함께 있는 형제들이 너희에게 문안하
고 22모든 성도들이 너희에게 문안하되 특히 가이사의 집 사람들 중 몇이니라 23주
예수 그리스도의 은혜가 너희 심령에 있을지어다

이제 바울은 사랑하는 빌립보교회 성도들에게 몇 가지 권면을 합니다. 주 안에서 같은 마음을 품고, 항상 기뻐하며, 관용하며, 염려하지 말고 감사함으로 기도하라고 권면합니다. 마지막으로 바울은 자신의 상황을 전하며 빌립보교회 성도들의 후원에 대한 감사를 표현합니다.

I. 주 안에서 같은 마음을 품으라(4:2-3)

2내가 유오디아를 권하고 순두게를 권하노니 주 안에서 같은 마음을 품으라 3또
참으로 나와 멍에를 같이한 네게 구하노니 복음에 나와 함께 힘쓰던 저 여인들을 돕고 또한 글레멘드와 그 외에 나의 동역자들을 도우라 그 이름들이 생명책에 있느니라

바울은 유오디아와 순두게의 이름을 거명하면서 주 안에서 같은 마음을 품으라고 권면합니다. 유오디아와 순두게는 빌립보교회의 두 여성 지도자였습니다. 여기에 나오는 유오디아가 빌립보교회의 첫 회심자인 루디아라는 주장도 있습니다. 루디아라는 말이 본래 사람 이름이 아니고 루디아지방 출신이라는 뜻이

므로 유오디아가 루디아를 가리킬 가능성은 충분히 있습니다. 그렇지만 확실한 증거는 없습니다. 아무튼 유오디아와 순두게는 각 가정교회를 인도하는 핵심 지도자들이었습니다. 그런데 원인은 알 수 없지만 어느 날부터 두 여성 지도자 사이에 다툼이 생겼습니다.

질문 1) 왜 사도 바울은 두 사람의 이름을 구체적으로 언급하면서 같은 마음을 품으라고 권할까요? 이 두 사람이 같은 마음을 품지 않으면 어떤 문제가 발생할 수 있을까요?(4:2)

여기서 주 안에서 같은 마음을 품으라는 말은 매사에 일절 의견 충돌 없이 똑같은 생각만 품으라는 말이 아닙니다. 그런 일은 사실상 불가능합니다. 수십 년을 함께 산 부부도 모든 일에 의견이 같을 수는 없습니다. 그렇다면 어떻게 해야 할까요? 여기서 우리는 '주 안에서'라는 말에 주목할 필요가 있습니다. 우리는 각자 살아 온 배경이 다르고 개성이 강해서 같은 마음을 품기가 어렵습니다. 어쩌면 의견이 다른 것이 더 당연합니다. 그럼에도 불구하고 같은 마음을 품을 수 있는 길이 있습니다. 그것은 바로 모든 일을 '주 안에서' 생각하는 것입니다. 우리는 모두 엄청난 죄를 지은 죄인들인데 그 모든 죄를 그리스도의 사랑으로 용서받았습니다. 그렇다면 우리도 다른 이를 용서하고 용납하는 것이 마땅하지 않겠습니까? 나를 용서하신 그리스도의 사랑으로 형제와 자매를 품는 것이 바로 그리스도 안에서 같은 마음을 품는 것입니다.

질문 2) 교회의 지도자들 사이에 다툼이 벌어진다면 성도들은 어떻게 해야 할까요?(4:3)

II. 주 안에서 항상 기뻐하라(4:4-9)

4주 안에서 항상 기뻐하라 내가 다시 말하노니 기뻐하라 5너희 관용을 모든 사람
에게 알게 하라 주께서 가까우시니라 6아무 것도 염려하지 말고 다만 모든 일에
기도와 간구로, 너희 구할 것을 감사함으로 하나님께 아뢰라 7그리하면 모든 지각
에 뛰어난 하나님의 평강이 그리스도 예수 안에서 너희 마음과 생각을 지키시리
라 8끝으로 형제들아 무엇에든지 참되며 무엇에든지 경건하며 무엇에든지 옳으
며 무엇에든지 정결하며 무엇에든지 사랑 받을 만하며 무엇에든지 칭찬 받을 만하
며 무슨 덕이 있든지 무슨 기림이 있든지 이것들을 생각하라 9너희는 내게 배우고
받고 듣고 본 바를 행하라 그리하면 평강의 하나님이 너희와 함께 계시리라

이제 바울은 빌립보교회 성도들에게 두 가지 권면을 합니다. 첫째는 하나님과의 관계에서 항상 기뻐하라는 것이고, 둘째는 사람과의 관계에서 관용하라는 것입니다. 먼저 항상 기뻐하라는 말에 대해 생각해 보겠습니다. 사실 지금 빌립보교회는 기뻐할 수 있는 상황이 아닙니다. 지도자인 바울은 감옥에 갇혀 있고 교회는 핍박을 받고 있습니다. 그런데 성경은 기뻐하라고 말합니다. 여기서 기뻐하라는 말은 무조건 웃고 즐기라는 말이 아닙니다. 힘들고 어려운 상황에서도 내면에서 솟아나는 기쁨으로 기뻐하라는 것입니다. 이제 관용하라는 말씀에 대해 생각해 보겠습니다. 당시 빌립보교회 성도들은 매우 힘들고 어려운 삶을 살고 있었습니다. 그들은 극심한 핍박을 당하고 있었습니다. 그럼에도 불구하고 성경은 관용하라고 말합니다. 왜냐하면 주님께서 다시 오실 날이 가까이 왔기 때문입니다. 우리는 예수님의 재림을 분명히 믿는 사람들입니다. 주님께서 다시 오시면 이 땅에서 받은 고난이 도리어 주님과 함께 하는 영광으로 변화될 것을 믿는 사람들입니다. 그러므로 우리는 다른 사람들의 잘못에 대해 관용해야 합니다. 주님의 재림을 분명히 믿는다면 다른 사람들의 잘못에 대해 관용하는 것이 마땅합니다.

질문 3) 어떻게 우리는 고난 중에도 기뻐하고 관용할 수 있을까요?(4:6-7)

질문 4) 평강의 하나님과 동행하는 삶을 살기 위해서 우리가 순종해야 할 두 가지 명령은 무엇입니까?(4:8-9)

III. 자족하기를 배우라(4:10-13)

10 내가 주 안에서 크게 기뻐함은 너희가 나를 생각하던 것이 이제 다시 싹이 남
이니 너희가 또한 이를 위하여 생각은 하였으나 기회가 없었느니라 11내가 궁핍
하므로 말하는 것이 아니니라 어떠한 형편에든지 나는 자족하기를 배웠노니 12
나는 비천에 처할 줄도 알고 풍부에 처할 줄도 알아 모든 일 곧 배부름과 배고픔
과 풍부와 궁핍에도 처할 줄 아는 일체의 비결을 배웠노라 13내게 능력 주시는
자 안에서 내가 모든 것을 할 수 있느니라

질문 5) 사도 바울이 자신에게 능력주시는 자 안에서 모든 것을 할 수 있었던 비결은 무엇입니까?(4:10-13)

히브리서 13:5 돈을 사랑하지 말고 있는 바를 족한 줄로 알라 그가 친히 말씀하시기를 내가 결코 너희를 버리지 아니하고 너희를 떠나지 아니하리라 하셨느니라.
고린도후서 3:5 우리가 무슨 일이든지 우리에게서 난 것 같이 스스로 만족할 것이 아니니 우리의 만족은 오직 하나님으로부터 나느니라.

IV. 복음사역에 동참한 것에 대한 감사(4:14-20)

14그러나 너희가 내 괴로움에 함께 참여하였으니 잘하였도다 15빌립보 사람들
아 너희도 알거니와 복음의 시초에 내가 마게도냐를 떠날 때에 주고 받는 내 일
에 참여한 교회가 너희 외에 아무도 없었느니라 16데살로니가에 있을 때에도 너
희가 한 번뿐 아니라 두 번이나 나의 쓸 것을 보내었도다 17내가 선물을 구함이
아니요 오직 너희에게 유익하도록 풍성한 열매를 구함이라 18내게는 모든 것이
있고 또 풍부한지라 에바브로디도 편에 너희가 준 것을 받으므로 내가 풍족하니
이는 받으실 만한 향기로운 제물이요 하나님을 기쁘시게 한 것이라 19나의 하나

님이 그리스도 예수 안에서 영광 가운데 그 풍성한 대로 너희 모든 쓸 것을 채우
시리라 20하나님 곧 우리 아버지께 세세 무궁하도록 영광을 돌릴지어다 아멘

이제 바울은 빌립보교회 성도들의 후원에 대해 감사를 표현합니다. "너희가 내 괴로움에 함께 참여하였으니 잘 하였도다." 빌립보교회 성도들은 바울의 선교사역에 가장 열성적인 후원자들이었습니다. 그런데 그들은 단지 물질만 후원한 것이 아닙니다. 바울이 감옥에 갇혀 고통당할 때, 빌립보교회 성도들은 바울의 고난에 동참하였습니다. 단순히 마음으로만 동참했다는 말이 아닙니다. 빌립보교회는 에바브로디도를 보내서 실제적으로 바울을 돌보아주었습니다. 바울은 그것을 '복음의 코이노니아(복음 안에서의 교제)'로 여겼습니다. 바울이 마게도니나 지역에 빌립보교회를 세우고 그 곳을 떠날 때 바울을 물질적으로 후원한 교회는 빌립보교회 밖에 없었습니다.(15절) 그 후 데살로니가에 있을 때에도 빌립보교회는 바울을 후원하였습니다. 바울은 대표적인 자비량사역자였습니다. 그럼에도 불구하고 빌립보교회는 아무 조건 없이 바울을 후원하였습니다. 그 정도로 빌립보교회는 바울과 깊이 코이노니아했습니다.

질문 6) 복음사역에 물질로 참여하는 것은 어떤 결과를 낳을까요?

첫째로, 그것은 하나님을 기쁘시게 하는 ______________이 됩니다.(18절)

둘째로, 그것은 받는 자에게 ________가 됩니다.(14-16절)

셋째로, 그것은 드리는 자에게 ________이 됩니다.(17절, 19절)

V. 끝 인사(4:21-23)

21 그리스도 예수 안에 있는 성도에게 각각 문안하라 나와 함께 있는 형제들이
너희에게 문안하고 22 모든 성도들이 너희에게 문안하되 특히 가이사의 집 사람
들 중 몇이니라 23 주 예수 그리스도의 은혜가 너희 심령에 있을지어다

이제 바울은 마지막으로 빌립보교회의 성도들에게 문안하고, 자신과 함께 있는 동역자들의 안부를 전합니다. 마지막으로 바울은 "주 예수 그리스도의 은혜"가 있기를 기원하면서 본 서신을 마무리합니다.

닫는 말

주 예수 그리스도의 은혜가 너희 심령에 있을지어다!

복습문제

질문 1) 왜 사도 바울은 두 사람의 이름을 구체적으로 언급하면서 같은 마음을 품으라고 권할까요? 이 두 사람이 같은 마음을 품지 않으면 어떤 문제가 발생할 수 있을까요?(4:2)

질문 2) 교회의 지도자들 사이에 다툼이 벌어진다면 성도들은 어떻게 해야 할까요?(4:3)

질문 3) 어떻게 우리는 고난 중에도 기뻐하고 관용할 수 있을까요?(4:6-7)

질문 4) 평강의 하나님과 동행하는 삶을 살기 위해서 우리가 순종해야 할 두 가지 명령은 무엇입니까?(4:8-9)

질문 5) 사도 바울이 자신에게 능력주시는 자 안에서 모든 것을 할 수 있었던 비결은 무엇입니까?(4:10-13)

질문 6) 복음사역에 물질로 참여하는 것은 어떤 결과를 낳을까요?

소감문

COLOSSIANS

골 로 새 서

예수만으로 충분합니다

안진섭 목사의 사경회 시리즈3

제1강

온전히 충분하신 그리스도를 믿으라:
이 복음의 일꾼이 되라

(골로새서 1:1-29)

COLOSSIANS

골로새서의 핵심정리	
저　자	사도 바울
연　대	AD 60-62년
기록장소	로마 감옥
독　자	골로새교회
기록목적	골로새교회의 창립자인 에바브라를 통하여 골로새교회 안에 존재하는 부도덕성과 이단문제를 듣고 오직 그리스도만으로 충분하다는 사실을 가르쳐 골로새교회를 바르게 세우기 위해 기록
주　제	온전히 충분하신 그리스도(All-Sufficient Christ)
개　요	1. 온전히 충분하신 그리스도를 믿으라 : 이 복음의 일꾼이 되라(1:1-29) 2. 온전히 충분하신 그리스도 안에서 행하라: 이단적 가르침에 속지 말라(2:1-23) 3. 온전히 충분하신 그리스도를 따르는 삶의 원리 : 위의 것을 찾으라(3:1-17) 4. 온전히 충분하신 그리스도를 따르는 삶의 실: 주께 하듯 하라(3:18-4:18)

골로새서 1:1-29

1하나님의 뜻으로 말미암아 그리스도 예수의 사도 된 바울과 형제 디모데는 2골로새
에 있는 성도들 곧 그리스도 안에서 신실한 형제들에게 편지하노니 우리 아버지 하
나님으로부터 은혜와 평강이 너희에게 있을지어다 3우리가 너희를 위하여 기도할
때마다 하나님 곧 우리 주 예수 그리스도의 아버지께 감사하노라 4이는 그리스도
예수 안에 너희의 믿음과 모든 성도에 대한 사랑을 들었음이요 5너희를 위하여 하
늘에 쌓아 둔 소망으로 말미암음이니 곧 너희가 전에 복음 진리의 말씀을 들은 것이
라 6이 복음이 이미 너희에게 이르매 너희가 듣고 참으로 하나님의 은혜를 깨달은 날
부터 너희 중에서와 같이 또한 온 천하에서도 열매를 맺어 자라는도다 7이와 같이 우

리와 함께 종 된 사랑하는 에바브라에게 너희가 배웠나니 그는 너희를 위한 그리스
도의 신실한 일꾼이요 8성령 안에서 너희 사랑을 우리에게 알린 자니라 9이로써 우
리도 듣던 날부터 너희를 위하여 기도하기를 그치지 아니하고 구하노니 너희로 하
여금 모든 신령한 지혜와 총명에 하나님의 뜻을 아는 것으로 채우게 하시고 10주께
합당하게 행하여 범사에 기쁘시게 하고 모든 선한 일에 열매를 맺게 하시며 하나님
을 아는 것에 자라게 하시고 11그의 영광의 힘을 따라 모든 능력으로 능하게 하시
며 기쁨으로 모든 견딤과 오래 참음에 이르게 하시고 12우리로 하여금 빛 가운데서
성도의 기업의 부분을 얻기에 합당하게 하신 아버지께 감사하게 하시기를 원하노
라 13그가 우리를 흑암의 권세에서 건져내사 그의 사랑의 아들의 나라로 옮기셨으
니 14그 아들 안에서 우리가 속량 곧 죄 사함을 얻었도다 15그는 보이지 아니하는
하나님의 형상이시요 모든 피조물보다 먼저 나신 이시니 16만물이 그에게서 창조
되되 하늘과 땅에서 보이는 것들과 보이지 않는 것들과 혹은 왕권들이나 주권들이
나 통치자들이나 권세들이나 만물이 다 그로 말미암고 그를 위하여 창조되었고 17
또한 그가 만물보다 먼저 계시고 만물이 그 안에 함께 섰느니라 18그는 몸인 교회
의 머리시라 그가 근본이시요 죽은 자들 가운데서 먼저 나신 이시니 이는 친히 만
물의 으뜸이 되려 하심이요 19아버지께서는 모든 충만으로 예수 안에 거하게 하시
고 20그의 십자가의 피로 화평을 이루사 만물 곧 땅에 있는 것들이나 하늘에 있는
것들이 그로 말미암아 자기와 화목하게 되기를 기뻐하심이라 21전에 악한 행실로
멀리 떠나 마음으로 원수가 되었던 너희를 22이제는 그의 육체의 죽음으로 말미암
아 화목하게 하사 너희를 거룩하고 흠 없고 책망할 것이 없는 자로 그 앞에 세우고
자 하셨으니 23만일 너희가 믿음에 거하고 터 위에 굳게 서서 너희 들은 바 복음의
소망에서 흔들리지 아니하면 그리하리라 이 복음은 천하 만민에게 전파된 바요 나
바울은 이 복음의 일꾼이 되었노라 24나는 이제 너희를 위하여 받는 괴로움을 기뻐
하고 그리스도의 남은 고난을 그의 몸된 교회를 위하여 내 육체에 채우노라 25내가

교회의 일꾼 된 것은 하나님이 너희를 위하여 내게 주신 직분을 따라 하나님의 말
씀을 이루려 함이니라 26이 비밀은 만세와 만대로부터 감추어졌던 것인데 이제는
그의 성도들에게 나타났고 27하나님이 그들로 하여금 이 비밀의 영광이 이방인 가
운데 얼마나 풍성한지를 알게 하려 하심이라 이 비밀은 너희 안에 계신 그리스도시
니 곧 영광의 소망이니라 28우리가 그를 전파하여 각 사람을 권하고 모든 지혜로 각
사람을 가르침은 각 사람을 그리스도 안에서 완전한 자로 세우려 함이니 29이를 위하
여 나도 내 속에서 능력으로 역사하시는 이의 역사를 따라 힘을 다하여 수고하노라

I. 인사(1:1-2)

1하나님의 뜻으로 말미암아 그리스도 예수의 사도 된 바울과 형제 디모데는 2골로
새에 있는 성도들 곧 그리스도 안에서 신실한 형제들에게 편지하노니 우리 아버
지 하나님으로부터 은혜와 평강이 너희에게 있을지어다

바울은 골로새서를 시작하면서 자신이 하나님의 뜻으로 말미암아 사도가 되었다는 사실을 강조합니다.(1:1) 왜 바울은 골로새서를 시작하면서 자신이 하나님의 뜻으로 말미암아 사도가 되었다는 사실을 강조하고 있을까요? 이 말씀을 오해하면 바울이 자신의 인간적 권위를 내세우려고 사도권을 강조하는 것처럼 보입니다. 그러나 바울이 자신의 사도권을 강조한 이유는 단순히 자기 권위를 앞세우려는 것이 아닙니다. 바울은 평생 사도로서의 권위를 가지고 복음의 메시지를 전했습니다. 그렇기 때문에 만약 바울의 사도권이 무너지면 바울의 메시지도 함께 무너질 수밖에 없습니다. 바울이 자신의 사도권을 강조하는 이유는

자신의 권위를 보호하기 위해서가 아니라 자신이 전한 복음의 메시지를 보호하기 위해서입니다.

질문 1) 바울이 골로새 교인들을 묘사할 때 사용한 두 형용사를 찾아보고 그 의미를 생각해 보십시오.(1:2)

1) __________ - 2절에 나오는 성도들이라는 말은 본래 '거룩한 무리들'이라는 말입니다. 여기서 '거룩하다'는 단어는 그리스도 예수의 공로로 거룩한 사람으로 변화된 우리의 ________을 가리키는 말입니다. 우리는 그리스도의 의를 전가받아 의로운 자가 되었습니다.

2) __________ - 거룩하다는 말이 우리의 신분을 가리킨다면 신실하다는 말은 우리의 _____을 가리킵니다. 거듭난 그리스도인이라면 마땅히 복음에 대해 신실한 삶을 살아야 합니다.

바울은 은혜와 평강이라는 자신의 독특한 인사말로 인사를 마무리합니다. 은혜는 헬라식 인사이고, 평강은 히브리식 인사입니다. 바울은 그 둘을 묶어서 자신만의 독특한 인사말로 만들어 냈습니다. 은혜와 평강은 서로 관련이 있습니다. 은혜가 평강의 원천이라면 평강은 은혜의 결과입니다.

II. 바울의 감사기도(1:3-8)

---

3 우리가 너희를 위하여 기도할 때마다 하나님 곧 우리 주 예수 그리스도의 아버

지께 감사하노라 [4]이는 그리스도 예수 안에 너희의 믿음과 모든 성도에 대한 사
랑을 들었음이요 [5]너희를 위하여 하늘에 쌓아 둔 소망으로 말미암음이니 곧 너희
가 전에 복음 진리의 말씀을 들은 것이라 [6]이 복음이 이미 너희에게 이르매 너희가
듣고 참으로 하나님의 은혜를 깨달은 날부터 너희 중에서와 같이 또한 온 천하에
서도 열매를 맺어 자라는도다 [7]이와 같이 우리와 함께 종 된 사랑하는 에바브라에
게 너희가 배웠나니 그는 너희를 위한 그리스도의 신실한 일꾼이요 [8]성령 안에서
너희 사랑을 우리에게 알린 자니라

바울이 골로새 교인들을 위해서 감사기도를 드리는 모습은 참으로 인상적입니다. 왜냐하면 바울은 골로새교회에서 목회한 적이 없기 때문입니다. 자신이 목회한 적도 없는 교회를 위해서 바울은 지금 감사의 기도를 드리고 있습니다. 비록 자신이 세우지도 않았고, 목회한 적도 없지만 바울은 골로새교회를 향해서 깊은 애정을 가지고 있습니다. 이것이 바로 사도 바울의 영적인 그릇의 크기입니다. 믿음의 그릇이 작은 사람은 자기 자신과 자기 가정만을 위해서 기도합니다. 좀 더 믿음의 그릇이 커지면 자신이 출석하는 교회를 위해서 기도합니다. 어떤 사람은 한국교회와 사회, 그리고 더 나아가 온 세계를 위해서 기도합니다. 자신이 기도하는 범위가 곧 그 사람의 영적인 그릇의 크기입니다.

질문 2) 바울이 기도 가운데 고백하는 하나님은 구체적으로 어떤 분입니까? 당신에게도 이런 분명한 고백이 있습니까?(1:3)

질문 3) 신약성경이 강조하는 그리스도인의 삼대 덕목을 찾아보고 본문에 근거하여 그 의미를 생각해보십시오.(1:4-5)

바울이 기도할 때마다 골로새교회 성도들에게 감사하는 이유는 그들에게 믿음과 소망과 사랑이 있었기 때문입니다. 이 세 덕목은 신약성경에 자주 등장합니다. 때로는 이 세 덕목이 함께 등장하기도 합니다. "그런즉 믿음, 소망, 사랑, 이 세 가지는 항상 있을 것인데 그 중의 제일은 사랑이라."(고린도전서 13:13) "너희의 믿음의 역사와 사랑의 수고와 우리 주 예수 그리스도에 대한 소망의 인내를 우리 하나님 아버지 앞에서 끊임없이 기억함이니"(데살로니가전서 1:3) 이 세 덕목이 함께 등장하는 것은 결코 우연이 아닙니다. 이 세 덕목이 자주 함께 등장한다는 것은 초대교회가 이 세 가지를 그리스도인의 3대 덕목으로 간주했다는 뜻입니다.

1) 그리스도 예수 안에 있는 ________ - 이 표현에 따른다면 그리스도는 우리 믿음의 ________이고 동시에 ________입니다. 우리는 그리스도 예수를 믿습니다. 우리는 그리스도 예수를 믿고(믿음의 대상), 그리스도 예수를 삽니다.(믿음의 내용)

2) 모든 성도에 대한 ________ - 그리스도 예수를 믿는 믿음은 성도에 대한 ________으로 증명되어야 합니다. 여기서 성도는 자기 교회 성도와 주변 교회 성도를 다 포함한다고 볼 수 있습니다. 당시 상황으로 말하면 골로새교회는 물론이고 라오디게아교회의 성도들과 히에라폴리스교회의 성도들도 사랑했다는 말입니다. 오직 우리 교회밖에 생각하지 못하는 오늘날 우리 성도들의 모습에 경종을 울려주는 말씀이 아닐 수 없습니다.

3) 하늘에 쌓아둔 ________ - 소망은 우리의 믿음과 사랑을 ____________ 만드는 역할을 합니다. 우리에게 하늘에 쌓아둔 소망이 있을 때, 고통스러운 현실 속에서도 쉽게 포기하지 않고 믿음과 사랑을 지속할 수 있습니다. 소망에는 두 측면이 있습니다. 첫째는 __________ 측면으로서 하나님의 약속에 따라 장차 축복을 상속받을 것을 가리킵니다. 둘째는 __________ 측면으로서 지금 우리가 그리스도 안에 있는 것 자체가 곧 소망입니다.

바울은 이제 골로새교회 성도들이 받은 복음이 참된 복음이라는 사실을 설명합니다. 어떤 사람이 전한 복음이 참된 복음으로 인정을 받기 위해서는 세 가지 표준을 통과해야 합니다. 첫째로, 참된 복음은 우주적인 범위를 가지고 있습니다. 골로새교회 성도들이 들은 그 복음은 지금 온 천하에서 열매를 맺고 있습니다.(6절) 둘째로, 참된 복음은 열매를 맺는 능력이 있습니다. 골로새교회 성도들이 들은 그 복음은 지금 온 천하에서 열매를 맺고 있습니다.(6절) 셋째로, 참된 복음은 신실한 사자(Messenger)를 통해 전달됩니다. 골로새교회 성도들은 그리스도의 신실한 일꾼인 에바브라를 통해 이 복음을 들었습니다. 에바브라는 바울과 함께 종된 자이고,(7절) 골로새교회를 위한 신실한 일꾼이며,(7절) 골로새교회의 사랑을 바울에게 전해준 자입니다.(8절) 참된 복음은 신실한 메신저를 통해 온 천하에서 열매를 맺습니다.

III. 바울의 기도(1:9-14)

9 이로써 우리도 듣던 날부터 너희를 위하여 기도하기를 그치지 아니하고 구하노니
너희로 하여금 모든 신령한 지혜와 총명에 하나님의 뜻을 아는 것으로 채우게 하시

고 10주께 합당하게 행하여 범사에 기쁘시게 하고 모든 선한 일에 열매를 맺게
하시며 하나님을 아는 것에 자라게 하시고 11그의 영광의 힘을 따라 모든 능력으
로 능하게 하시며 기쁨으로 모든 견딤과 오래 참음에 이르게 하시고 12우리로 하
여금 빛 가운데서 성도의 기업의 부분을 얻기에 합당하게 하신 아버지께 감사하게
하시기를 원하노라 13그가 우리를 흑암의 권세에서 건져내사 그의 사랑의 아들
의 나라로 옮기셨으니14그 아들 안에서 우리가 속량 곧 죄 사함을 얻었도다

바울의 기도는 골로새교회 성도들에 대한 감사로 시작하여 자연스럽게 그들을 위한 간구의 기도로 연결됩니다. 바울은 먼저 골로새교회 성도들이 하나님의 뜻을 알기를 기도합니다.(9절) 여기서 하나님의 뜻을 안다고 할 때, 안다는 말은 추상적이고 철학적인 앎을 가리키는 것이 결코 아닙니다. 여기서 안다는 말은 성령의 열매를 맺는 삶을 살기 위해 하나님의 뜻을 바르게 아는 것을 가리킵니다. 그 다음에 바울은 골로새교회 성도들이 하나님의 뜻을 행하기를 기도합니다.(10-11절) 하나님의 뜻을 아는 목적은 그 뜻을 행하는 것입니다. 바울의 기도는 매우 구체적입니다. 바울은 골로새교회 성도들이 주님께 합당하게 행하여 범사에 그를 기쁘시게 하기를 기도합니다.(10절) 또한 모든 선한 일에 열매를 맺고, 하나님을 아는 지식이 성장하기를 기도합니다.(10절) 더 나아가 모든 능력으로 능하게 되어 기쁨으로 끝까지 견디기를 기도합니다.(11절) 우리가 새로운 삶을 사는 것은 오직 하나님의 능력으로만 가능합니다. 11절에서 능하게 한다는 단어는 현재분사로서 지속적인 의미를 나타냅니다. 하나님은 우리가 새로운 삶을 살 수 있도록 지속적으로 우리를 능하게 하십니다. 그렇기 때문에 우리가 기쁨으로 인내할 수 있는 것입니다. 바울의 간구는 자연스럽게 그리스도를 찬미하는 결과를 낳습니다.(12-14절)

질문 4) 바울은 골로새교회 성도들이 하나님 아버지께 감사하는 자들이 되기를 기도합니다. 그렇다면 그리스도인들이 감사할 수 있는 이유(혹은 근거)는 무엇입니까?(1:12-14)

1) 그리스도인들이 감사할 수 있는 첫 번째 이유는 하나님께서 우리에게 ____________을 주셨기 때문입니다.(12절)

2) 그리스도인들이 감사할 수 있는 두 번째 이유는 하나님께서 우리를 ____________에서 건져내어 그의 ____________________로 옮기셨기 때문입니다.(13절)

3) 그리스도인들이 감사할 수 있는 세 번째 이유는 _______ 곧 ________를 받았기 때문입니다.(14절)

IV. 그리스도 찬미가(1:15-20)

15 그는 보이지 아니하는 하나님의 형상이시요 모든 피조물보다 먼저 나신 이시
니 16 만물이 그에게서 창조되되 하늘과 땅에서 보이는 것들과 보이지 않는 것들
과 혹은 왕권들이나 주권들이나 통치자들이나 권세들이나 만물이 다 그로 말미
암고 그를 위하여 창조되었고 17 또한 그가 만물보다 먼저 계시고 만물이 그 안
에 함께 섰느니라 18 그는 몸인 교회의 머리시라 그가 근본이시요 죽은 자들 가운
데서 먼저 나신 이시니 이는 친히 만물의 으뜸이 되려 하심이요 19 아버지께서는
모든 충만으로 예수 안에 거하게 하시고 20 그의 십자가의 피로 화평을 이루사
만물 곧 땅에 있는 것들이나 하늘에 있는 것들이 그로 말미암아 자기와 화목하
게 되기를 기뻐하심이라

바울은 이제 그리스도를 찬미합니다. 바울이 지금 그리스도를 찬미하는 이유는 당시 골로새교회에 있었던 거짓교사들의 가르침의 영향으로 기독론이 흔들리고 있었기 때문입니다. 그런 상황이었기 때문에 그리스도가 만물보다 먼저 계시는 분이라는 사실을 가르쳐줄 필요가 있었습니다. 이제 바울은 그리스도를 찬미하는 찬송을 통해서 골로새교회 성도들에게 '그리스도의 으뜸되심(the Supremacy of Christ)'을 가르치고 있습니다.

바울은 먼저 예수님을 보이지 아니하는 하나님의 형상이라고 소개합니다.(15절) 그리스도는 하나님을 계시하기 위해 인간의 모습으로 오신 분입니다. 그 결과 보이지 않는 하나님이 인간 세상에 보이게 되었습니다. 바울은 또한 예수님을 모든 창조물보다 먼저 나신 분으로 소개합니다.(15절) 이 표현은 종종 오해가 됩니다. 교회역사에서 아리우스라는 신학자는 이 표현을 시간적인 개념으로 이해

하여 그리스도를 피조물로 해석했다가 이단이 되었습니다. 이 표현은 시간적인 개념으로 이해할 것이 아니라 기능적인 개념으로 이해해야 합니다. 다시 말해서 그리스도를 모든 피조물의 제1원인으로 해석하는 것입니다. 문맥을 보면 이 표현은 그리스도를 피조물로 보는 것이 아니라 기능상으로 근원적인 존재라는 뜻입니다. 16-17절은 그리스도가 기능상으로 근원적인 존재라는 사실을 좀 더 자세히 설명합니다. 첫째로, 모든 만물은 그리스도를 통하여 창조되었습니다.("그로 말미암고") 둘째로, 모든 만물은 그리스도를 위하여 창조되었습니다.("그를 위하여") 셋째로, 그리스도는 모든 만물보다 먼저 계십니다.("먼저 계시고") 넷째로, 만물이 그 안에 함께 섰습니다.("함께 섰느니라") 만물이 그 안에 함께 섰다는 말은 만물을 창조하신 주님께서 또한 그것을 유지하고 보존하신다는 말입니다.

질문 5) 골로새서는 교회와 그리스도의 관계를 어떻게 설명하고 있습니까? 옥중서신인 골로새서와 에베소서가 비슷한 개념을 가르치는 고린도전서나 로마서와 다른 점은 무엇일까요?(1:18)

질문 6) 우리의 아버지이신 하나님께서 기뻐하시는 일은 무엇일까요?(1:19-20)

아버지께서 기뻐하시는 일이 무엇인지 알려면 19-20절의 문장구조를 잘 살펴보아야 합니다. 19-20절에 나오는 긴 문장의 뼈대는 전체 문장의 시작과 끝에 있습니다. 그 뼈대문장은 "아버지께서는 기뻐하심이라"입니다. 중간에 나오는 내용은 기뻐하시는 내용들입니다. 그렇다면 아버지께서는 무엇을 기뻐하실까요? 아버지는 만물이 자신과 ____________ 되는 것을 기뻐하십니다. 화목은 우선 ________를 전제합니다. 인간은 소외되었습니다. 하나님은 소외된 인간이 하나님과 화목하게 되는 것을 가장 기뻐하십니다.

그렇다면 어떤 방법으로 화목하게 될 수 있을까요? 하나님은 인간과 화목하기 위해 두 단계를 거쳤습니다. 첫째로, 하나님은 모든 ________으로 예수 안에 거하게 하셨습니다.(19절) 여기서 충만이란 하나님의 ____________을 가리킵니다. 하나님은 자신의 완전한 본질을 예수 안에 거하게 하셨습니다. 둘째로, 하나님은 하나님의 완전한 본질을 지닌 예수님을 __________에서 죽게 하셨습니다.("십자가의 피로") 그렇게 하여 하나님은 자신의 모든 것을 내어주셨습니다. 우리를 향한 자신의 완전한 사랑을 나타내셨습니다. 그런 놀라운 사건이 우리 역사 속에서 벌어졌습니다. 그것이 바로 십자가 사건입니다.

V. 어떻게 이 찬미가를 우리의 삶에 적용할 것인가?(1:21-23)

21전에 악한 행실로 멀리 떠나 마음으로 원수가 되었던 너희를 22이제는 그의 육
체의 죽음으로 말미암아 화목하게 하사 너희를 거룩하고 흠 없고 책망할 것이
없는 자로 그 앞에 세우고자 하셨으니 23만일 너희가 믿음에 거하고 터 위에 굳게

서서 너희 들은 바 복음의 소망에서 흔들리지 아니하면 그리하리라 이 복음은 천하 만민에게 전파된 바요 나 바울은 이 복음의 일꾼이 되었노라

바울은 이제 그리스도를 만나기 이전의 삶과 만난 이후의 삶을 비교해서 설명합니다.(21-22절) 그리스도를 만나기 이전에 우리는 악한 행실로 멀리 떠나 마음으로 원수가 되었습니다. 그러나 그리스도를 만난 후에 우리는 거룩하고 흠 없고 책망할 것이 없는 자로 그 앞에 세워졌습니다.(22절) 그런 변화를 일으킨 사건은 바로 예수 그리스도의 육체의 죽음입니다.(22절) 이 말씀에서 바울이 육체의 죽음을 강조하는 이유는 예수님의 성육신과 죽음을 부정하던 영지주의적 가르침이 당시 교회에 많은 문제를 일으키고 있었기 때문입니다. 당시 골로새교회에는 예수님의 성육신과 육체의 죽음을 부정하던 거짓교사들이 있었습니다. 이런 가르침은 오늘날도 여전히 존재합니다. 어떤 신학자들은 예수님의 육체의 죽음은 경시하고 그 속에 담긴 의미만 강조합니다. 의미를 추구하는 것은 매우 중요합니다. 하지만 의미와 실제 사건이 분리되면 결코 안 됩니다. 예수님의 육체적 죽음이라는 실제 사건에서 의미가 나오는 것입니다. 우리는 그리스도의 육체의 죽음을 통하여 하나님과 화목하게 되었습니다.

질문 7) 그리스도의 죽음을 통해 거룩하고 흠 없고 책망할 것이 없는 자로 서기 위해서 우리는 어떤 반응을 해야 합니까?(1:23)

VI. 화목하게 된 자의 삶의 자세(1:24-29)

24나는 이제 너희를 위하여 받는 괴로움을 기뻐하고 그리스도의 남은 고난을 그
의 몸된 교회를 위하여 내 육체에 채우노라 25내가 교회의 일꾼 된 것은 하나님
이 너희를 위하여 내게 주신 직분을 따라 하나님의 말씀을 이루려 함이니라 26이
비밀은 만세와 만대로부터 감추어졌던 것인데 이제는 그의 성도들에게 나타났
고 27하나님이 그들로 하여금 이 비밀의 영광이 이방인 가운데 얼마나 풍성한지
를 알게 하려 하심이라 이 비밀은 너희 안에 계신 그리스도시니 곧 영광의 소망
이니라 28우리가 그를 전파하여 각 사람을 권하고 모든 지혜로 각 사람을 가르침
은 각 사람을 그리스도 안에서 완전한 자로 세우려 함이니 29이를 위하여 나도 내
속에서 능력으로 역사하시는 이의 역사를 따라 힘을 다하여 수고하노라

바울은 이제 복음의 일꾼으로서 골로새교회 성도들을 위하여 받는 괴로움을 기뻐한다고 고백합니다.(24절) 왜 바울은 이렇게 '괴로움을 기뻐한다'는 역설적인 말을 하고 있을까요? 본문을 살펴보면 두 가지 이유가 있습니다.

첫 번째 이유는 바울이 당하는 괴로움이 사랑하는 골로새 교인들을 위한 것이기 때문입니다. 바울은 지금 감옥에 갇혀 있습니다. 그런데 기뻐합니다. 그 이유가 무엇입니까? 그 이유는 바울의 고난이 골로새 교인들을 위한 것이기 때문입니다. 박해와 기쁨은 함께 갑니다. 박해 자체는 결코 기쁜 것이 아닙니다. 다만 그 박해를 통해서 주님께서 우리 안에 이루실 일이 있기 때문에 기쁜 것입니다.

두 번째 이유는 바울의 고난이 그리스도의 남은 고난을 채우는 것이기 때문입니다. 그리스도의 남은 고난을 내 육체에 채운다는 말은 좀 더 자세한 해석이

필요한 말씀입니다. 우선 이 말은 그리스도의 고난이 부족하기 때문에 바울이 채워야 한다는 말이 아닙니다. 그리스도의 고난은 그 자체로 완전한 고난입니다. 이 말은 바울과 그리스도의 신비로운 연합을 설명하는 말입니다. 바울이 그리스도와 연합한다는 개념으로 볼 때, 교회를 위한 바울의 고난은 곧 그리스도의 고난입니다. 따라서 바울은 그리스도의 남은 고난을 자신의 육체에 채운다고 표현한 것입니다.

질문 8) 우리가 교회의 일꾼이 된 목적은 무엇입니까?(1:25-27)

질문 9) 하나님과 화목하게 된 자는 어떻게 복음사역을 감당해야 할까요? 그리고 그 목적은 무엇일까요?(1:28)

1) 하나님과 화목하게 된 자는 어떻게 이 복음사역을 감당해야 할까요?

2) 그런 사역을 감당하는 목적은 무엇일까요?

바울은 각 사람을 그리스도 안에서 완전한 자로 세우기 위해 자신의 속에서 능력으로 역사하시는 이의 역사를 따라 힘을 다하여 수고합니다.(29절) 이 말씀은 그리스도의 일꾼은 세상의 일꾼과 달라야 한다는 사실을 잘 보여줍니다. 세상의 일꾼은 자기 능력으로 일합니다. 자신의 능력으로 일하기 때문에 성공하면 교만하게 됩니다. 그러나 그리스도의 일꾼은 자기 힘으로 일하는 자가 아닙니다. 우리는 우리 속에서 능력으로 역사하시는 자의 역사를 따라 일하는 자들입니다. 주님의 일은 결코 우리 힘으로 할 수 있는 것이 아닙니다. 그래서 성경은 기도를 중요하게 여기는 것입니다. 인간적으로 생각하면 기도할 시간에 나가서 일하는 것이 더 나은 것 같습니다. 그러나 우리는 복음사역이 우리의 힘이 아니라 성령의 능력으로 이루어진다고 믿기 때문에 기도하는 것입니다. 우리는 기도 가운데 우리 안에서 일하시는 성령님의 역사를 의지하며 사역해야 합니다. 물론 그렇다고 이 말이 아무런 일도 하지 말라는 뜻은 아닙니다. 바울이 말한 것처럼 우리는 그 분의 이끄심을 따라 힘을 다하여 수고해야 합니다. 그럴 때 우리의 사역 현장에서 풍성한 열매가 맺히게 될 것입니다.

닫는 말

진정한 복음의 일꾼이 되십시오

복습문제

질문 1) 바울이 골로새 교인들을 묘사할 때 사용한 두 형용사를 찾아보고 그 의미를 생각해 보십시오.(1:2)

질문 2) 바울이 기도 가운데 고백하는 하나님은 구체적으로 어떤 분입니까? 당신에게도 이런 분명한 고백이 있습니까?(1:3)

질문 3) 신약성경이 강조하는 그리스도인의 삼대 덕목을 찾아보고 본문에 근거하여 그 의미를 생각해 보십시오.(1:4-5)

질문 4) 바울은 골로새교회 성도들이 하나님 아버지께 감사하는 자들이 되기를 기도합니다. 그렇다면 그리스도인들이 감사할 수 있는 이유(혹은 근거)는 무엇입니까?(1:12-14)

질문 5) 골로새서는 교회와 그리스도의 관계를 어떻게 설명하고 있습니까? 비슷한 개념을 가르치는 고린도전서나 로마서와 옥중서신인 골로새서나 에베소서의 차이점은 무엇일까요?(1:18)

질문 6) 우리의 아버지이신 하나님께서 기뻐하시는 일은 무엇일까요?(1:19-20)

질문 7) 그리스도의 죽음을 통해 거룩하고 흠 없고 책망할 것이 없는 자로 서기 위해서 우리는 어떤 반응을 해야 합니까?(1:23)

질문 8) 우리가 교회의 일꾼이 된 목적은 무엇입니까?(1:25-27)

질문 9) 하나님과 화목하게 된 자는 어떻게 복음사역을 감당해야 할까요? 그리고 그 목적은 무엇일까요?(1:28)

1) 하나님과 화목하게 된 자는 어떻게 복음사역을 감당해야 할까요?

2) 그런 사역을 감당하는 목적은 무엇일까요?

소감문

제2강

온전히 충분하신 그리스도 안에서 행하라:
이단적 가르침에 속지 말라

(골로새서 2:1-23)

COLOSSIANS

골로새서 2:1-23

1 내가 너희와 라오디게아에 있는 자들과 무릇 내 육신의 얼굴을 보지 못한 자들을
위하여 얼마나 힘쓰는지를 너희가 알기를 원하노니 2 이는 그들로 마음에 위안을
받고 사랑 안에서 연합하여 확실한 이해의 모든 풍성함과 하나님의 비밀인 그리스
도를 깨닫게 하려 함이니 3 그 안에는 지혜와 지식의 모든 보화가 감추어져 있느니
라 4 내가 이것을 말함은 아무도 교묘한 말로 너희를 속이지 못하게 하려 함이니 5
이는 내가 육신으로는 떠나 있으나 심령으로는 너희와 함께 있어 너희가 질서 있게
행함과 그리스도를 믿는 너희 믿음이 굳건한 것을 기쁘게 봄이라 6 그러므로 너희
가 그리스도 예수를 주로 받았으니 그 안에서 행하되 7 그 안에 뿌리를 박으며 세움
을 받아 교훈을 받은 대로 믿음에 굳게 서서 감사함을 넘치게 하라 8 누가 철학과 헛
된 속임수로 너희를 사로잡을까 주의하라 이것은 사람의 전통과 세상의 초등학문
을 따름이요 그리스도를 따름이 아니니라 9 그 안에는 신성의 모든 충만이 육체로
거하시고 10 너희도 그 안에서 충만하여졌으니 그는 모든 통치자와 권세의 머리시
라 11 또 그 안에서 너희가 손으로 하지 아니한 할례를 받았으니 곧 육의 몸을 벗는
것이요 그리스도의 할례니라 12 너희가 세례로 그리스도와 함께 장사되고 또 죽은
자들 가운데서 그를 일으키신 하나님의 역사를 믿음으로 말미암아 그 안에서 함께
일으키심을 받았느니라 13 또 범죄와 육체의 무할례로 죽었던 너희를 하나님이 그
와 함께 살리시고 우리의 모든 죄를 사하시고 14 우리를 거스르고 불리하게 하는 법
조문으로 쓴 증서를 지우시고 제하여 버리사 십자가에 못 박으시고 15 통치자들과
권세들을 무력화하여 드러내어 구경거리로 삼으시고 십자가로 그들을 이기셨느
니라 16 그러므로 먹고 마시는 것과 절기나 초하루나 안식일을 이유로 누구든지 너
희를 비판하지 못하게 하라 17 이것들은 장래 일의 그림자이나 몸은 그리스도의 것
이니라 18 아무도 꾸며낸 겸손과 천사 숭배를 이유로 너희를 정죄하지 못하게 하라
그가 그 본 것에 의지하여 그 육신의 생각을 따라 헛되이 과장하고 19 머리를 붙들

지 아니하는지라 온 몸이 머리로 말미암아 마디와 힘줄로 공급함을 받고 연합하여
하나님이 자라게 하시므로 자라느니라 20너희가 세상의 초등학문에서 그리스도와
함께 죽었거든 어찌하여 세상에 사는 것과 같이 규례에 순종하느냐 21(곧 붙잡지도
말고 맛보지도 말고 만지지도 말라 하는 것이니 22이 모든 것은 한때 쓰이고는 없
어지리라)사람의 명령과 가르침을 따르느냐 23이런 것들은 자의적 숭배와 겸손과
몸을 괴롭게 하는 데는 지혜 있는 모양이나 오직 육체 따르는 것을 금하는 데는 조
금도 유익이 없느니라

바울은 이 단락에서 골로새교회에 침투하고 있는 유대주의적 영지주의라는 이단의 위험성을 경계하면서, 오직 그리스도만이 참된 자유와 풍성한 생명을 줄 수 있다는 것을 강력하게 천명합니다.

I. 진정한 위로(2:1-5)

---

1 내가 너희와 라오디게아에 있는 자들과 무릇 내 육신의 얼굴을 보지 못한 자
들을 위하여 얼마나 힘쓰는지를 너희가 알기를 원하노니 2이는 그들로 마음에
위안을 받고 사랑 안에서 연합하여 확실한 이해의 모든 풍성함과 하나님의 비밀
인 그리스도를 깨닫게 하려 함이니 3그 안에는 지혜와 지식의 모든 보화가 감추
어져 있느니라 4내가 이것을 말함은 아무도 교묘한 말로 너희를 속이지 못하게
하려 함이니 5이는 내가 육신으로는 떠나 있으나 심령으로는 너희와 함께 있어
너희가 질서 있게 행함과 그리스도를 믿는 너희 믿음이 굳건한 것을 기쁘게 봄
이라

당시 골로새교회를 비롯한 주변의 여러 교회들은 내부적으로는 이단의 위협을 받고 있었고, 외부적으로는 핍박의 위협을 받고 있었습니다. 바울은 그런 여러 교회들을 위로하기 위하여 힘쓰고 있었습니다.(1-2절) 그렇다면 바울은 어떻게 여러 교회들을 위로하고 있습니까? 2절에 따르면 바울이 교회들을 위로하는 방법은 하나님의 비밀인 그리스도를 깨닫게 하는 것입니다.

질문1) 어떤 면에서 그리스도를 깨닫는 것이 진정한 위로가 될까요?(3절)

질문 2) 그렇다면 어떻게 해야 우리는 그리스도를 발견할 수 있을까요?(2절)

이 말씀을 잘 이해하려면 사도요한이 요한일서에서 집중적으로 사랑을 강조하는 이유를 살펴보아야 합니다. 사도요한은 요한일서 3:16-19에서 이렇게 말합니다. "[16]그가 우리를 위하여 목숨을 버리셨으니 우리가 이로써 사랑을 알고 우리도 형제들을 위하여 목숨을 버리는 것이 마땅하니라 [17]누가 이 세상의 재물을 가지고 형제의 궁핍함을 보고도 도와 줄 마음을 닫으면 하나님의 사랑이 어찌 그

속에 거하겠느냐 [18]자녀들아 우리가 말과 혀로만 사랑하지 말고 행함과 진실함으로 하자 [19]이로써 우리가 진리에 속한 줄을 알고 또 우리 마음을 주 앞에서 굳세게 하리니" 우리는 우리를 위하여 목숨을 버리신 그리스도를 통하여 사랑을 알게 되었습니다. 따라서 우리도 이제 그 사랑을 실천하며 살아야 합니다. 우리가 그 사랑을 실천할 때, 비로소 우리는 진리에 속한 줄을 알게 됩니다. 진리에 속해 있다는 말은 다른 말로 하면 그리스도 안에 있다는 뜻입니다. 결국 그리스도를 인하여 사랑을 알게 된 자들은 그 사랑을 실천할 때 비로소 그리스도를 더욱 깊이 알아가게 되는 것입니다.

II. 이단을 경계하라(2:8, 18-23)

---

[8]누가 철학과 헛된 속임수로 너희를 사로잡을까 주의하라 이것은 사람의 전통과 세상의 초등학문을 따름이요 그리스도를 따름이 아니니라
[18]아무도 꾸며낸 겸손과 천사 숭배를 이유로 너희를 정죄하지 못하게 하라 그가 그 본 것에 의지하여 그 육신의 생각을 따라 헛되이 과장하고 [19]머리를 붙들지 아니하는지라 온 몸이 머리로 말미암아 마디와 힘줄로 공급함을 받고 연합하여 하나님이 자라게 하시므로 자라느니라 [20]너희가 세상의 초등학문에서 그리스도와 함께 죽었거든 어찌하여 세상에 사는 것과 같이 규례에 순종하느냐 [21](곧 붙잡지도 말고 맛보지도 말고 만지지도 말라 하는 것이니 [22]이 모든 것은 한때 쓰이고는 없어지리라)사람의 명령과 가르침을 따르느냐 [23]이런 것들은 자의적 숭배와 겸손과 몸을 괴롭게 하는 데는 지혜 있는 모양이나 오직 육체 따르는 것을 금하는 데는 조금도 유익이 없느니라

질문 3) 이단의 세 가지 특징을 찾아보십시오.(2:8)

1) 이단의 첫 번째 특징은 ___________입니다.

2) 이단의 두 번째 특징은 신도들을 ____________하는 것입니다.

3) 이단의 세 번째 특징은 그들의 기원이 ____________이라는 것입니다.

이제 이단들을 분별하는 법에 대해 생각해 보겠습니다.(18-19절) 첫째로, 이단들은 대체로 겸손을 가장합니다.("꾸며낸 겸손") 겉으로는 겸손한 척 하지만 이단종파의 교주들은 대부분 신적인 권위를 차지하려진 교만한 자들입니다. 둘째로, 이단들은 신비로운 경험을 의지하고 과장합니다.("그 본 것에 의지하여") 물론 정통 기독교인들도 신비로운 경험을 합니다. 그러나 정통 기독교인들은 신비로운 경험을 의지하지는 않습니다. 정통 기독교인들은 오직 그리스도를 믿고 의지하며 성경의 가르침을 따릅니다. 셋째로, 천사숭배와 같이 하나님이 아닌 것을 숭배합니다.("천사 숭배") 당시 이단들은 주로 눈으로 본 것을 의지하다 보니 천사를 숭배하게 되었습니다. 현대의 이단들은 교주를 숭배하게 만듭니다. 교주가 신비로운 일을 행한다고 거짓말하여 결국 교주를 의지하고 숭배하게 만듭니다. 넷째로, 그들은 결국 그리스도를 온전히 의지하지 않습니다.("머리를 붙들지 아니하는지라") 그들은 교회의 머리이신 그리스도를 붙들지 않습니다.

질문 4) 이단들의 근본적인 문제점은 무엇입니까?(2:22-23)

1) 이단들의 근본적인 문제점은 ＿＿＿＿＿＿을 의지한다는 것입니다.(22절)

2) 이단들의 근본적인 문제점은 ___________을 따른다는 것입니다.(22절)

3) 이단들의 근본적인 문제점은 ___________입니다.(23절)

4) 이단들의 근본적인 문제점은 _________가 안 된다는 것입니다.(23절)

III. 그리스도 안에서 행하라(2:6-17)

6 그러므로 너희가 그리스도 예수를 주로 받았으니 그 안에서 행하되 7 그 안에
뿌리를 박으며 세움을 받아 교훈을 받은 대로 믿음에 굳게 서서 감사함을 넘치
게 하라 8 누가 철학과 헛된 속임수로 너희를 사로잡을까 주의하라 이것은 사람
의 전통과 세상의 초등학문을 따름이요 그리스도를 따름이 아니니라 9 그 안에
는 신성의 모든 충만이 육체로 거하시고 10 너희도 그 안에서 충만하여졌으니 그
는 모든 통치자와 권세의 머리시라 11 또 그 안에서 너희가 손으로 하지 아니한
할례를 받았으니 곧 육의 몸을 벗는 것이요 그리스도의 할례니라 12 너희가 세례
로 그리스도와 함께 장사되고 또 죽은 자들 가운데서 그를 일으키신 하나님의
역사를 믿음으로 말미암아 그 안에서 함께 일으키심을 받았느니라 13 또 범죄와
육체의 무할례로 죽었던 너희를 하나님이 그와 함께 살리시고 우리의 모든 죄를
사하시고 14 우리를 거스르고 불리하게 하는 법조문으로 쓴 증서를 지우시고 제
하여 버리사 십자가에 못 박으시고 15 통치자들과 권세들을 무력화하여 드러내
어 구경거리로 삼으시고 십자가로 그들을 이기셨느니라 16 그러므로 먹고 마시
는 것과 절기나 초하루나 안식일을 이유로 누구든지 너희를 비판하지 못하게 하
라 17 이것들은 장래 일의 그림자이나 몸은 그리스도의 것이니라

그리스도인을 넘어뜨리려는 이단들의 미혹은 초대교회에만 있는 것이 아닙니다. 오늘날도 사탄은 여러 이단들을 내세워 그리스도인들을 유혹합니다. 이단들 외에도 성도를 미혹하는 것들은 수없이 많습니다. 이제 그런 유혹을 물리치고 믿음을 지켜나가려면 어떻게 해야 할지 살펴보겠습니다. 바울은 먼저 너희가 그리스도 예수를 주로 받았으니 그 안에서 행하라고 권면합니다.(6절)

그 다음에 바울은 그리스도 예수 안에서 행하는 삶을 구체적으로 보여주기 위해 네 개의 분사를 사용합니다.(7절)

첫째로, 우리는 먼저 그리스도 안에 ________를 박아야 합니다. 식물이 땅에 뿌리를 박는 것처럼 우리는 그리스도 안에 뿌리를 박아야 합니다. 이 단어는 현재완료 분사로 되어 있습니다. 그리스도를 영접한 우리는 이미 그리스도 안에 뿌리를 박고 있는 자들입니다.

둘째로, 우리는 이제 그 안에서 ________을 입어야 합니다. 바울은 여기에서 건물을 짓는 것을 비유로 사용합니다. 뿌리를 박는다는 단어가 현재완료시제였다면 세움을 입는다는 단어는 현재시제입니다. 그리스도를 영접하고 그 안에 뿌리를 박는 것은 이미 완료된 일이지만 그 안에서 세움을 입는 것은 지속적으로 이루어져야 합니다. 매일 매 순간 하나님께서 주시는 말씀을 먹으면서 하나님의 인도하심에 자신을 의탁하고 살아야 합니다. 믿음을 지키는 것은 그렇게 단순한 일이 아닙니다. 한 순간만 방심해도 넘어질 수 있습니다. 그러므로 우리는 지속적으로 그 안에서 세움을 입어야 합니다.

셋째로, 우리는 가르침을 받은대로 믿음 안에 ________ 서야 합니다. 골로새교회 성도들에게 말씀을 가르친 사람은 에바브라입니다. 그런데 지금 골로새교회 성도들은 거짓교사들에게 미혹을 받아 다른 교훈을 따르려고 합니다. 그래서 바울은 너희가 가르침을 받은대로 믿음 안에 굳게 서라고 권면합니다. 여기서 믿음 안에 굳게 서라는 말도 역시 현재시제입니다. 우리는 매일 지속적으로 가르침을 받은 대로 믿음 안에 굳게 서야 합니다.

넷째로, 우리는 어떤 상황에서든지 ___________을 넘치게 해야 합니다. 지금 골로새교회 성도들의 상황은 그리 좋지 않습니다. 그들은 내부적으로는 이단의 공격을 받고 있고, 외부적으로는 핍박을 받고 있습니다. 그렇지만 그런 좋지 않은 상황 속에서도 그리스도 안에 뿌리를 박으며 세움을 입고 믿음에 굳게 서서 감사함을 넘치게 해야 합니다.

질문 5) 우리가 이 세상의 전통이 아니라 그리스도를 따르고 그와 연합할 때 어떤 결과가 벌어질까요?(2:9-15)

첫째로, 충만하신 그리스도와 연합하면 우리도 ________________(9-10절) 그리스도 안에는 신성의 모든 충만한 것이 육체로 거하십니다. 그것이 바로 성육신입니다. 성육신은 하나님의 충만하심이 인간 안에 거하는 놀라운 사건입니다. 우리가 그 분을 따르면 그 분과 연합하여 우리도 충만하게 됩니다. 다윗의 고백을 빌어서 표현한다면 '여호와는 나의 목자시니 내게 부족함이 없는' 것입니다.

둘째로, 우리가 그리스도와 연합하면 그리스도와 함께 __________되고 _________합니다.(12절) 바울은 이 사실을 설명하기 위하여 침례의식을 배경으로 삼고 있습니다. 11절에 나오는 할례는 침례(세례)를 가리킵니다. 왜 바울은 침례(세례)를 할례와 비교하여 설명할까요? 그 이유는 골로새교회의 이단인 영지주의자들이 유대주의적 영지주의자였기 때문입니다. 당시 유대교에 영향을 받은 유대주의자들은 할례를 강조하였습니다. 그래서 바울은 손으로 하지 않은 할례인 침례(세례)를 강조하는 것입니다. 물론 침례(세례)의식도 잘못하면 할례와 같이 형식이 될 수 있습니다. 그래서 바울은 침례(세례) 자체가 아니라 침례

(세례)의식을 통해 표현되는 성도의 죽음과 부활을 강조합니다. 침례(세례)는 그리스도와 연합하여 죽고 부활한다는 것을 상징적으로 보여주는 것입니다. 그리스도를 믿는 믿음을 통해서 우리는 그리스도와 연합하게 됩니다. 그리고 그 연합을 통해서 우리는 그리스도와 함께 죽고 함께 부활하는 것입니다. 13-15절은 그리스도와 연합한 결과를 보여줍니다. 하나님은 죽었던 우리를 그리스도와 함께 살리시고 우리의 모든 죄를 사하셨습니다. 또한 우리를 불리하게 하는 법조문으로 쓴 증서를 지우시고 제하여 버리사 십자가에 못 박으심으로 우리를 법적인 구속에서 자유하게 하셨습니다. 더 나아가 통치자들과 권세들을 무력화하여 십자가로 승리하셨습니다.

이제 바울은 더 이상 구약의 율법적 요구에 매이지 말라고 권면합니다.(16-17절) 16절에 나오는 '그러므로'는 이 단락의 해석에서 매우 중요한 접속사입니다. 앞에서 바울은 예수님께서 자신의 십자가 죽음으로 율법의 모든 요구를 다 채우셨다는 사실을 설명하였습니다. 그러므로 이제 우리는 더 이상 율법의 요구에 매일 필요가 없습니다. 이 사실을 정확하게 인식해야 합니다. 그리스도는 율법의 모든 요구를 완전히 다 이루셨습니다. 그러므로 우리는 먹고 마시는 것과 같은 음식법이나, 절기와 월삭과 안식일 같은 유대교의 관습에 매일 필요가 없습니다. 왜 그렇습니까? 이런 것들은 모두 장래 일의 그림자이기 때문입니다. 그렇다면 그 그림자의 실체는 무엇입니까? 그 실체는 바로 예수 그리스도입니다. 구약의 모든 율법적 요구들은 예수 그리스도를 예표합니다. 그런데 그리스도께서 오셔서 이 모든 것을 성취했으므로 우리는 다시 그림자로 돌아갈 필요가 없습니다. 오늘 우리는 번거롭고 힘들어서 안식일을 지키지 않는 것이 아닙니다. 우리는 그리스도께서 율법의 모든 요구를 온전히 성취하셨다는 원리에 따라 안식일도 그리스도 안에서 재해석하여 적용합니다. 그래서 오늘 우리는 안식일을 유대인들처럼 지키지 않습니다. 예수님의 십자가 사건으로 이제는 모든 날이 다 주님의 날이 되었습니다. 오늘 우리가 주일에 모여서 예배드리는 이유는 우리 주님께서 부활하신 날을 기념하여 모이는 것입니다. 그러므로 우리는 안식일을 생각할 때마다 우리에게 참되고 영원한 안식을 주신 주님께 더욱 감사드리며 살아가야 합니다. 매 주일 우리는 그 주님께 감사하면서 주님을 예배합니다.

닫는 말

그리스도 안에서 누리는 자유를 방종으로 전락시키지 마십시오.

복습문제

질문1) 어떤 면에서 그리스도를 깨닫는 것이 진정한 위로가 될까요?(3절)

질문 2) 그렇다면 어떻게 해야 우리는 그리스도를 발견할 수 있을까요?(2절)

질문 3) 이단의 세 가지 특징을 찾아보십시오.(2:8)

질문 4) 이단들의 근본적인 문제점은 무엇입니까?(2:22-23)

질문 5) 우리가 이 세상의 전통이 아니라 그리스도를 따르고 그와 연합할 때 어떤 결과가 벌어질까요?(2:9-15)

소감문

제3강

온전히 충분하신 그리스도를 따르는 삶의 원리:
위의 것을 찾으라

(골로새서 3:1-17)

COLOSSIANS

골로새서 3:1-17

1 그러므로 너희가 그리스도와 함께 다시 살리심을 받았으면 위의 것을 찾으라 거
기는 그리스도께서 하나님 우편에 앉아 계시느니라 2위의 것을 생각하고 땅의 것
을 생각하지 말라 3이는 너희가 죽었고 너희 생명이 그리스도와 함께 하나님 안에
감추어졌음이라 4우리 생명이신 그리스도께서 나타나실 그 때에 너희도 그와 함께
영광 중에 나타나리라 5그러므로 땅에 있는 지체를 죽이라 곧 음란과 부정과 사욕
과 악한 정욕과 탐심이니 탐심은 우상 숭배니라 6이것들로 말미암아 하나님의 진
노가 임하느니라 7너희도 전에 그 가운데 살 때에는 그 가운데서 행하였으나 8이제
는 너희가 이 모든 것을 벗어 버리라 곧 분함과 노여움과 악의와 비방과 너희 입의
부끄러운 말이라 9너희가 서로 거짓말을 하지 말라 옛 사람과 그 행위를 벗어 버리
고 10새 사람을 입었으니 이는 자기를 창조하신 이의 형상을 따라 지식에까지 새롭
게 하심을 입은 자니라 11거기에는 헬라인이나 유대인이나 할례파나 무할례파나
야만인이나 스구디아인이나 종이나 자유인이 차별이 있을 수 없나니 오직 그리스
도는 만유시요 만유 안에 계시니라 12그러므로 너희는 하나님이 택하사 거룩하고
사랑 받는 자처럼 긍휼과 자비와 겸손과 온유와 오래 참음을 옷 입고 13누가 누구
에게 불만이 있거든 서로 용납하여 피차 용서하되 주께서 너희를 용서하신 것 같이
너희도 그리하고 14이 모든 것 위에 사랑을 더하라 이는 온전하게 매는 띠니라 15
그리스도의 평강이 너희 마음을 주장하게 하라 너희는 평강을 위하여 한 몸으로 부
르심을 받았나니 너희는 또한 감사하는 자가 되라 16그리스도의 말씀이 너희 속에
풍성히 거하여 모든 지혜로 피차 가르치며 권면하고 시와 찬송과 신령한 노래를 부
르며 감사하는 마음으로 하나님을 찬양하고 17또 무엇을 하든지 말에나 일에나 다
주 예수의 이름으로 하고 그를 힘입어 하나님 아버지께 감사하라

다른 바울서신들과 마찬가지로 골로새서도 역시 신학과 윤리를 함께 다룹니다. 골로새서 1-2장이 신학을 다룬다면 3-4장은 윤리를 다룹니다. 1-2장에서 그리스도인의 신분에 대해 신학적으로 정립했다면, 이제 3-4장에서는 그리스도인의 윤리적 삶에 대해 권면하고 있습니다. 바울은 신학과 윤리를 설명하기 위해서 직설법과 명령법을 사용합니다. 바울은 직설법 문장을 사용하여 "너희는 -- 이다"라고 우리의 신분을 진술하고, 명령법 문장을 사용하여 "그러므로 너희는 -- 살라"라고 명령합니다. 우리는 이미 그리스도와 함께 살리심을 받았습니다. 그러므로 이제 위의 것을 찾으며 살아야 합니다. 예수님은 공관복음서에서 이와 비슷한 개념을 '이미와 아직의 긴장'으로 설명하였습니다. 하나님의 나라는 이미 우리 가운데 임했습니다. 그러나 우리는 종말에 완성될 하나님의 나라를 소망하면서 하나님의 나라 백성답게 살아야 합니다.

사도 바울은 그리스도인의 윤리적인 삶을 주로 관계성의 문제로 전개합니다. 윤리적인 삶을 살려면 관계를 바르게 맺어야 합니다. 그리스도인의 삶은 다음과 같은 관계 속에서 형성되어 갑니다 : 1) 그리스도와의 관계(3:1-8), 2) 지역교회에서의 관계(3:9-17), 3) 가족 간의 관계(3:18-21), 4) 직장에서의 관계(3:22-4:1), 5) 사회에서의 관계(4:2-6).

I. 위의 것을 찾으라(3:1-4)

---

1 그러므로 너희가 그리스도와 함께 다시 살리심을 받았으면 위의 것을 찾으라

거기는 그리스도께서 하나님 우편에 앉아 계시느니라 2위의 것을 생각하고 땅
의 것을 생각하지 말라 3이는 너희가 죽었고 너희 생명이 그리스도와 함께 하나
님 안에 감추어졌음이라 4우리 생명이신 그리스도께서 나타나실 그 때에 너희
도 그와 함께 영광 중에 나타나리라

앞에서 바울은 계속 우리가 그리스도와 함께 살리심을 받은 자라는 사실을 설명했습니다. 이제 바울은 그리스도와 함께 살리심을 받은 자가 어떤 삶을 살아야 하는가를 설명합니다. 그리스도와 함께 살리심을 받은 자는 위의 것을 찾는 삶을 살아야 합니다.(1절) 여기서 위의 것이란 지리적인 개념이 아니라 비유적인 용어로서 보이지 않는 영적인 영역을 가리키는 말입니다. 그리스도와 함께 살리심을 받은 자는 이제 영적인 것을 추구하면서 살아야 합니다. 이 긴장관계를 놓치면 신앙이 한 쪽으로 치우치게 됩니다. 성경은 그리스도와 함께 살리심을 받았으니 가만히 있으라고 권면하지 않습니다. 오히려 적극적으로 위의 것을 찾으라고 명령합니다.

또한 2절에서는 위의 것을 생각하라고 했습니다. 1절에서는 위의 것을 찾으라고 했고, 2절에서는 위의 것을 생각하라고 했습니다. 찾는다는 것은 무엇인가를 소유하기 위한 열망을 가지고 적극적으로 추구하는 것으로서 정서적인 영역과 관련된 표현입니다. 반면에 생각한다는 것은 정서적인 영역이 아니라 이성적이고 지성적인 영역과 관련된 표현입니다. 왜 바울은 1절에서는 찾으라고 말하고, 2절에서는 생각하라고 말했을까요? 그 이유는 그리스도와 함께 살리심을 받았으면 이제 이성과 감정, 둘 다를 사용하여 영적인 것을 적극적으로 생각하고 찾는 삶을 살아야 하기 때문입니다.

질문 1) 왜 우리 그리스도인들은 위의 것을 생각하고 땅의 것을 생각하지 말아야 할까요?(1:3-4)

II. 땅에 있는 지체를 죽이라(3:5-9)

5 그러므로 땅에 있는 지체를 죽이라 곧 음란과 부정과 사욕과 악한 정욕과 탐심
이니 탐심은 우상 숭배니라 6이것들로 말미암아 하나님의 진노가 임하느니라 7
너희도 전에 그 가운데 살 때에는 그 가운데서 행하였으나 8이제는 너희가 이 모
든 것을 벗어 버리라 곧 분함과 노여움과 악의와 비방과 너희 입의 부끄러운 말
이라 9너희가 서로 거짓말을 하지 말라 옛 사람과 그 행위를 벗어 버리고

우리 그리스도인들은 그리스도와의 연합을 통하여 옛 사람의 죽음을 경험했습니다. 그렇다면 이제 옛사람의 죽음을 경험한 그리스도인들은 구체적으로 어떤 삶을 살아야 할까요?(5-6절) 신자들은 이미 십자가에 달리신 그리스도와의 연합을 통해서 옛사람의 죽음을 경험했습니다. 그러므로 이제 삶의 현장에서 구체적으로 땅에 있는 지체, 곧 죄악된 욕망을 죽여야 합니다. 바울은 죄악된 욕

망을 구체적으로 열거합니다. 그것은 곧 음란과 부정과 사욕과 악한 정욕과 탐심, 곧 우상숭배입니다. 6절에서는 이것들로 말미암아 하나님의 진노가 임한다고 했습니다. 왜 바울이 이렇게 구체적으로 죄악된 욕망을 열거하고 이것들로 말미암아 하나님의 진노가 임한다는 강한 표현을 사용했을까요? 그것은 우리가 죄를 가볍게 여기지 못하도록 하기 위해서입니다. 그리스도의 은혜로 죄용서 받았다는 사실을 오해하여 죄를 가볍게 여기는 사람들이 있습니다. 그런 태도는 결코 죄에 대한 바른 자세가 아닙니다. 그리스도의 은혜로 거듭난 사람들은 죄를 가볍게 여겨서는 안 됩니다. 오히려 그 은혜로 구원받았기에 죄를 엄히 다스려야 합니다.

질문 2) 그리스도인의 삶의 변화를 설명하기 위해 바울은 어떤 대조를 사용합니까? 당신의 삶에도 그런 대조가 있습니까?(3:7-9)

III. 새 사람을 입었으니(3:10-15)

10 새 사람을 입었으니 이는 자기를 창조하신 이의 형상을 따라 지식에까지 새롭
게 하심을 입은 자니라 11 거기에는 헬라인이나 유대인이나 할례파나 무할례파
나 야만인이나 스구디아인이나 종이나 자유인이 차별이 있을 수 없나니 오직 그

리스도는 만유시요 만유 안에 계시니라 [12]그러므로 너희는 하나님이 택하사 거
룩하고 사랑 받는 자처럼 긍휼과 자비와 겸손과 온유와 오래 참음을 옷 입고 [13]
누가 누구에게 불만이 있거든 서로 용납하여 피차 용서하되 주께서 너희를 용서
하신 것 같이 너희도 그리하고 [14]이 모든 것 위에 사랑을 더하라 이는 온전하게
매는 띠니라 [15]그리스도의 평강이 너희 마음을 주장하게 하라 너희는 평강을 위
하여 한 몸으로 부르심을 받았나니 너희는 또한 감사하는 자가 되라

창세기 1:27에 따르면 인간은 하나님의 형상을 따라 창조되었습니다. "하나님이 자기 형상 곧 하나님의 형상대로 사람을 창조하시되 남자와 여자를 창조하시고"(창 1:27) 그러나 범죄한 인간은 하나님의 형상을 잃어버렸고, 하나님은 그 형상을 회복하기 위하여 그 아들 예수 그리스도를 우리에게 보내 우리를 구원하셨습니다. 그러므로 그리스도인의 변화의 목표는 하나님의 형상을 회복하는 것입니다. 거듭난 그리스도인은 하나님의 형상을 따라 '새롭게 하심을 입은 자'입니다.(10절) '새롭게 하심을 입은 자'라는 말이 현재형으로 사용된 것은 하나님의 형상을 회복하기 위하여 지속적으로 새로워지고 있다는 뜻입니다.

질문 3) 새롭게 변화된 그리스도인이 반드시 갖추어야 할 새로운 삶의 자세는 무엇입니까?(3:11)

질문 4) 모든 차별을 철폐하고 오직 그리스도 안에서 통일되는 새로운 관계를 이루기 위해서 우리 그리스도인들에게 필요한 덕목과 태도는 무엇입니까?(3:12-14)

새 사람을 입은 그리스도인에게는 평강이 있어야 합니다.(15절) 그런데 평강에도 두 가지 차원이 있습니다. 첫째는 개인적인 차원의 평강입니다. 새 사람을 입은 자는 마음에 평강이 있습니다. 그 평강은 그리스도께서 주시는 평강입니다. 만약 여러분이 늘 초조하고 불안하다면 무엇인가 여러분의 신앙에 문제가 있는 것입니다. 만유를 창조하시고 다스리시는 그리스도를 모신 사람은 그리스도께서 주시는 평강이 자신의 마음을 주장하게 해야 합니다. 둘째는 공동체적인 차원의 평강입니다. 우리의 평강은 단지 내적이고 개인적인 평강으로 그쳐서는 안 됩니다. 우리의 내면에 그리스도의 평강이 있다면 교회 안에서도 평강을 이루어야 합니다. 우리는 평강을 위하여 한 몸으로 부르심을 입은 자들입니다. 그러므로 그리스도 안에서 내적인 평강을 누리는 자는 마땅히 교회 안에서 다른 지체들과의 관계에서도 평강을 누려야 합니다.

IV. 새 사람이 드리는 예배(3:16-17)

16 그리스도의 말씀이 너희 속에 풍성히 거하여 모든 지혜로 피차 가르치며 권면
하고 시와 찬송과 신령한 노래를 부르며 감사하는 마음으로 하나님을 찬양하고
17 또 무엇을 하든지 말에나 일에나 다 주 예수의 이름으로 하고 그를 힘입어 하
나님 아버지께 감사하라

이제 바울은 새롭게 된 자들이 교회 안에서 어떤 예배를 드려야 할 것인가를 설명합니다.

질문 5) 그리스도 안에서 새 사람을 입은 자들은 어떤 예배를 드려야 할까요? (3:16)

1) 바른 예배를 드리려면 먼저 ________________이 우리 마음 가운데 풍성하게 거해야 합니다.

2) 바른 예배를 드리려면 그리스도인의 ________에 거하는 복음이 ________로 드러나야 합니다.

질문 6) 위의 것을 찾는 그리스도인들이 반드시 기억해야 할 삶의 원리는 무엇입니까?(3:17)

닫는 말

모든 것을 주 예수의 이름으로 하십시오

복습문제

질문 1) 왜 우리 그리스도인들은 위의 것을 생각하고 땅의 것을 생각하지 말아야 할까요?(1:3-4)

질문 2) 그리스도인의 삶의 변화를 설명하기 위해 바울은 어떤 대조를 사용합니까? 당신의 삶에도 그런 대조가 있습니까?(3:7-9)

질문 3) 새롭게 변화된 그리스도인이 반드시 갖추어야 할 새로운 삶의 자세는 무엇입니까?(3:11)

질문 4) 모든 차별을 철폐하고 오직 그리스도 안에서 통일되는 새로운 관계를 이루기 위해서 우리 그리스도인들에게 필요한 덕목과 태도는 무엇입니까?(3:12-14)

질문 5) 그리스도 안에서 새 사람을 입은 자들은 어떤 예배를 드려야 할까요?(3:16)

질문 6) 위의 것을 찾는 그리스도인들이 반드시 기억해야 할 삶의 원리는 무엇입니까?(3:17)

소감문

제4강

온전히 충분하신 그리스도를 따르는 삶의 실제:
주께 하듯 하라

(골로새서 3:18-4:18)

COLOSSIANS

골로새서 3:18-4:18

18아내들아 남편에게 복종하라 이는 주 안에서 마땅하니라 19남편들아 아내를 사
랑하며 괴롭게 하지 말라 20자녀들아 모든 일에 부모에게 순종하라 이는 주 안에서
기쁘게 하는 것이니라 21아비들아 너희 자녀를 노엽게 하지 말지니 낙심할까 함이
라 22종들아 모든 일에 육신의 상전들에게 순종하되 사람을 기쁘게 하는 자와 같이
눈가림만 하지 말고 오직 주를 두려워하여 성실한 마음으로 하라 23무슨 일을 하든
지 마음을 다하여 주께 하듯 하고 사람에게 하듯 하지 말라 24이는 기업의 상을 주
께 받을 줄 아나니 너희는 주 그리스도를 섬기느니라 25불의를 행하는 자는 불의
의 보응을 받으리니 주는 사람을 외모로 취하심이 없느니라

1 상전들아 의와 공평을 종들에게 베풀지니 너희에게도 하늘에 상전이 계심을 알지
어다 2기도를 계속하고 기도에 감사함으로 깨어 있으라 3또한 우리를 위하여 기도
하되 하나님이 전도할 문을 우리에게 열어 주사 그리스도의 비밀을 말하게 하시기
를 구하라 내가 이 일 때문에 매임을 당하였노라 4그리하면 내가 마땅히 할 말로써
이 비밀을 나타내리라 5외인에게 대해서는 지혜로 행하여 세월을 아끼라 6너희 말
을 항상 은혜 가운데서 소금으로 맛을 냄과 같이 하라 그리하면 각 사람에게 마땅
히 대답할 것을 알리라 7두기고가 내 사정을 다 너희에게 알려 주리니 그는 사랑 받
는 형제요 신실한 일꾼이요 주 안에서 함께 종이 된 자니라 8내가 그를 특별히 너희
에게 보내는 것은 너희로 우리 사정을 알게 하고 너희 마음을 위로하게 하려 함이
라 9신실하고 사랑을 받는 형제 오네시모를 함께 보내노니 그는 너희에게서 온 사
람이라 그들이 여기 일을 다 너희에게 알려 주리라 10나와 함께 갇힌 아리스다고와
바나바의 생질 마가와 (이 마가에 대하여 너희가 명을 받았으매 그가 이르거든 영
접하라) 11유스도라 하는 예수도 너희에게 문안하느니라 그들은 할례파이나 이들
만은 하나님의 나라를 위하여 함께 역사하는 자들이니 이런 사람들이 나의 위로가
되었느니라 12그리스도 예수의 종인 너희에게서 온 에바브라가 너희에게 문안하

느니라 그가 항상 너희를 위하여 애써 기도하여 너희로 하나님의 모든 뜻 가운데서
완전하고 확신 있게 서기를 구하나니 13그가 너희와 라오디게아에 있는 자들과 히
에라볼리에 있는 자들을 위하여 많이 수고하는 것을 내가 증언하노라 14사랑을 받
는 의사 누가와 또 데마가 너희에게 문안하느니라 15라오디게아에 있는 형제들과
눔바와 그 여자의 집에 있는 교회에 문안하고 16이 편지를 너희에게서 읽은 후에
라오디게아인의 교회에서도 읽게 하고 또 라오디게아로부터 오는 편지를 너희도
읽으라 17아킵보에게 이르기를 주 안에서 받은 직분을 삼가 이루라고 하라 18나 바
울은 친필로 문안하노니 내가 매인 것을 생각하라 은혜가 너희에게 있을지어다

바울은 이제 가정과 사회에서 이루어지는 여러 관계에 대해 권면하고, 또 기도에 대하여도 권면을 한 후, 인사말로 본 서신을 마무리합니다.

그런데 관계에 대한 말씀의 앞뒤 문맥을 보면 예배에 관한 말씀(3:16-17; 4:2-4)이 있는 것을 볼 수 있습니다. 왜 바울은 예배에 관한 말씀 사이에 관계에 대한 말씀을 삽입하였을까요? 이 문제를 바르게 이해하려면 먼저 초대교회의 예배를 이해해야 합니다. 그렇다면 초대교회의 예배는 어떤 형식의 예배였을까요? 초대교회의 예배는 기본적으로 자유로운 형식의 예배였습니다. 참석한 사람들이 자신이 받은 은사를 발휘하는 방식으로 자유로운 예배를 드렸습니다. 그런데 이것이 결국 교회 안에서 무질서의 문제를 일으켰습니다. 고린도교회에서 벌어진 무질서의 문제를 보면 이런 예배를 어느 정도 짐작할 수 있습니다.

처음에 초대교회에서는 이런 것이 전혀 문제가 되지 않았습니다. 그 이유는 임박한 재림에 대한 기대 때문입니다. 초대교회 성도들은 자신들이 살아있는 동안

에 예수님께서 재림하실 것이라고 생각했습니다. 그러나 자신들의 기대와는 달리 예수님의 재림은 즉시 일어나지 않았습니다. 예수님께서 곧 재림하실 것이라고 생각할 때는 조직을 정비하여 질서를 잡을 필요가 없었습니다. 그 이유는 임박한 재림을 기다리는 비상상황이었기 때문입니다. 그러나 그들의 기대와는 달리 재림이 바로 발생하지 않자 교회의 무질서 문제가 조금씩 대두되기 시작했습니다. 그래서 바울은 질서있는 예배에 대해 권면하게 되었습니다.(3:16-17)

그렇다면 이런 교회의 질서 문제를 다루다가 가정과 사회에서 벌어지는 여러 관계의 문제를 다루는 이유는 무엇일까요? 교회 안에는 다양한 계층의 사람들이 존재합니다. 특히 초대교회는 계층이 지금보다 훨씬 다양했습니다. 종과 주인이 한 교회에 있었고, 유대인과 이방인이 한 교회에 있었습니다. 다양한 계층의 사람들이 모여 있기 때문에 질서가 정립되지 않으면 교회가 혼란스러울 수밖에 없었습니다. 예를 들어 사회에서 맺어진 종과 주인의 관계를 교회에 그대로 가지고 들어오면 교회가 무질서하게 될 수밖에 없습니다. 그래서 바울은 교회의 질서 문제를 다루다가 관계에 대한 권면을 하는 것입니다.

한편 초대교회에서도 서서히 가정생활과 사회생활에 관한 말씀의 필요성이 대두되었습니다. 예수님의 재림을 임박한 문제로 생각했을 때는 가정생활과 사회생활에 대해 신경쓸 겨를이 없었습니다. 그러나 재림이 곧 바로 이루어지지 않자 일반적인 사회생활을 어떻게 할 것인가가 중요한 관심사가 되었습니다. 무조건 재림만 기다리는 것보다 이 세상에서 어떤 삶을 살 것인가가 보다 중요한 관심사가 된 것입니다. 그래서 그리스도인들은 이런 질문을 갖게 되었습니다. "그리스도인은 비그리스도인들 앞에서 어떻게 살아야 하는가?" "이 비기독교적 사회에서 그리스도인은 어떻게 그리스도 안에서 살아갈 수 있는가?" 이런 질문에 답하기 위해 바울은 가정생활과 사회생활에 관한 권면을 하고 있는 것입니다.

질문 1) 여러 관계에 대한 권면의 말씀을 잘 살펴보면 남편, 부모, 주인에 관한 말씀보다 아내, 자녀, 종에 관한 말씀이 먼저 나옵니다. 그 이유는 무엇일까요?(3:18-4:1)

I. 아내와 남편을 향한 권면(3:18-19)

18아내들아 남편에게 복종하라 이는 주 안에서 마땅하니라 19남편들아 아내를
사랑하며 괴롭게 하지 말라

바울은 가장 먼저 아내와 남편에 대하여 권면합니다. 아내에게는 남편에게 복종하라고 권면하고 남편에게는 아내를 사랑하라고 권면합니다. 여러 관계 가운데 부부관계를 제일 먼저 다루는 것은 아마도 부부관계가 가장 기본적이고 중요한 관계이기 때문일 것입니다.

질문 2) '아내들은 남편에게 복종하는 것이 주 안에서 마땅하다'는 말은 무슨 뜻입니까?(3:18)

질문 3) 남편들에게는 어떤 계명을 주셨습니까? 그런 계명을 주신 이유는 무엇일까요?(3:19)

II. 자녀와 부모를 향한 권면(3:20-21)

20 자녀들아 모든 일에 부모에게 순종하라 이는 주 안에서 기쁘게 하는 것이니라
21 아비들아 너희 자녀를 노엽게 하지 말지니 낙심할까 함이라

이제 바울은 자녀와 부모를 향하여 권면합니다. 바울은 먼저 자녀들을 향하여 "모든 일에 부모에게 순종하라"고 권면합니다.

질문 4) 모든 일에 부모에게 순종하라'는 말은 무슨 뜻입니까? 문자적으로 부모가 시키는 일이면 무엇이든지 다 해야 한다는 말입니까?(3:20)

질문 5) 아비들에게 주신 명령은 무엇입니까? 왜 아비들에게 그런 명령을 주었을까요?(3:21)

III. 종과 주인을 향한 권면(3:22-4:1)

22종들아 모든 일에 육신의 상전들에게 순종하되 사람을 기쁘게 하는 자와 같
이 눈가림만 하지 말고 오직 주를 두려워하여 성실한 마음으로 하라 23무슨 일
을 하든지 마음을 다하여 주께 하듯 하고 사람에게 하듯 하지 말라 24이는 기업
의 상을 주께 받을 줄 아나니 너희는 주 그리스도를 섬기느니라 25불의를 행하
는 자는 불의의 보응을 받으리니 주는 사람을 외모로 취하심이 없느니라
1상전들아 의와 공평을 종들에게 베풀지니 너희에게도 하늘에 상전이 계심을
알지어다

이제 바울은 마지막으로 종과 주인을 향하여 권면합니다. 종과 주인의 관계에 대해 가장 긴 내용으로 권면하는 것을 보면 당시 골로새교회에서는 종과 주인의 관계가 가장 큰 문제를 일으켰던 것 같습니다.

질문 6) 그리스도인 종들에게 요구되는 새로운 태도는 무엇일까요?(3:22-24)

25절은 좀 더 생각해 볼 필요가 있는 구절입니다. 이 구절에 대해서는 두 가지 해석이 있습니다. 첫 번째 해석은 여기서 불의를 행하는 자를 주인으로 보는 것이고, 두 번째 해석은 불의를 행하는 자를 종으로 보는 것입니다.

먼저 불의를 행하는 자를 주인이라고 해석하는 경우를 생각해 보겠습니다. 본문의 문맥을 보면 주인에 대한 말씀은 4:1부터 시작되기 때문에 이 구절은 종에 대한 말씀이라고 있습니다. 그러나 보상에 관한 가르침을 주고 있는 바로 앞의 말씀을 고려하면 이 구절은 종들에게 충실히 보상하지 못하는 주인의 불의를 가리키는 것이라고 볼 수도 있습니다. 바울은 이 구절을 통해 하나님이 모든 불의를 보상하실 것이라는 사실을 상기시킵니다. 또한 이 구절을 주인에 대한 것으로 해석한다면 이 구절은 자연스럽게 4:1과 연결됩니다. 4:1은 주인들에게 의와 공평을 촉구하고 있습니다.

이제 불의를 행하는 자를 종이라고 해석하는 경우를 생각해 보겠습니다. 이 경우는 해석이 보다 단순해집니다. 불의를 행하는 자를 종이라고 해석하면 이 말씀은 성실하게 섬기는 종에게는 보상을 줄 것이고, 불의를 행하는 종에게는 심판이 있을 것이라는 뜻입니다.

어떤 해석이 옳은지 판단하기는 그리 쉽지 않습니다. 그러나 어떤 해석을 따르든지 크게 문제가 되지는 않습니다. 우리 주님은 우리의 중심을 다 보시고 아시는 분입니다. 그러므로 이 땅에서 행한 불의는 모두 보응을 받습니다. 내가 주인의 위치이든, 종의 위치이든 언제나 다른 사람에게 불의를 행하는 자가 되지 말아야 합니다. 자신의 사회적 지위를 이용하여 다른 사람에게 불의를 행하는 자가 되지 말아야 합니다. 하나님은 우리의 중심을 보시는 분이라는 것을 명심해야 합니다.

질문 7) 상전들에게 주신 명령은 무엇입니까? 왜 상전들은 그렇게 해야 할까요? (4:1)

1) 상전들에게 주신 명령은 ___________을 종들에게 베풀라는 것이다.

2) 그렇다면 왜 상전들은 종들에게 의와 공평을 베풀어야 할까요?

여러 관계에 대한 명령은 우리에게 몇 가지 중요한 사실을 가르쳐 줍니다.

첫째로, 그리스도인은 상호성의 원리를 따라 살아야 합니다. 이 사회는 낮은 자가 높은 자를, 가난한 자가 부자를, 자녀가 부모를, 아내가 남편을 일방적으로 섬기는 구조입니다. 한 마디로 힘 없는 자가 힘 있는 자를 일방적으로 섬기는 구조입니다. 또한 힘 있는 자는 자신의 지위를 이용하여 힘 없는 자를 학대하는 구조입니다. 그러나 우리 그리스도인에게는 상호성의 원리가 요구됩니다. 우리는 서로 사랑하고 서로 복종해야 합니다. 자신에게 주신 명령을 붙잡고 내가 먼저 섬기고 사랑하고 순종해야 합니다. 이 말씀에 대한 가장 나쁜 적용은 주로 내가 아닌 상대방에게 이 말씀을 적용하는 것입니다. 먼저 자기 자신에게 이 말씀을 적용해야 합니다.

둘째로, 그리스도인은 교회뿐만 아니라 가정과 직장에서도 바르게 살아야 합니다. 가정과 직장의 삶에 충실할 때 교회생활도 건강하게 할 수 있습니다. 예배와 삶은 분리될 수 없습니다. 가정과 직장에서도 늘 주님을 섬기는 마음으로 살아야 합니다. 그런 삶의 예배를 바르게 드리는 자가 교회의 공동체 예배를 바르게 드릴 수 있습니다.

셋째로, 그리스도인은 늘 하나님을 의식하며 살아야 합니다. 우리는 늘 하나님을 의식하며 하나님 앞에서 살아야 합니다. 우리 그리스도인은 살아계신 하나님께서 우리의 모든 삶을 지켜보시고 마지막 날에 상 주시는 분임을 믿는 사람들입니다. 내가 가정에서 자녀들을 잘 양육해야 하는 이유는 그것이 하나님의 말씀이기 때문입니다. 내가 직장에서 성실하게 일해야 하는 이유 또한 그것이 하나님의 명령이기 때문입니다. 결국 나의 가정과 직장도 하나님의 말씀에 순종하는 소중한 삶의 자리입니다. 그 삶의 자리에서 늘 하나님의 임재를 의식하며 살아야 합니다. 그것이 진정한 그리스도인의 삶입니다.

IV. 그리스도인의 영적 생활(4:2-6)

2기도를 계속하고 기도에 감사함으로 깨어 있으라 3또한 우리를 위하여 기도하
되 하나님이 전도할 문을 우리에게 열어 주사 그리스도의 비밀을 말하게 하시기

를 구하라 내가 이 일 때문에 매임을 당하였노라 [4]그리하면 내가 마땅히 할 말로
써 이 비밀을 나타내리라 [5]외인에게 대해서는 지혜로 행하여 세월을 아끼라 [6]너
희 말을 항상 은혜 가운데서 소금으로 맛을 냄과 같이 하라 그리하면 각 사람에
게 마땅히 대답할 것을 알리라

이제 바울은 그리스도인의 영적 생활을 관계성을 중심으로 설명합니다.(4:2-6) 하나님과의 관계(2절), 동료 그리스도인과의 관계(3-4절), 믿지 않는 자들과의 관계(5-6절)를 통하여 우리의 영적 생활이 관계 속에서 이루어진다는 것을 가르쳐 줍니다.

질문 8) 본문은 하나님과의 관계에서 우리가 해야 할 영적인 일로 기도를 제시합니다. 그렇다면 기도를 어떻게 하라고 했습니까?(4:2)

질문 9) 동료 그리스도인과의 관계에서 우리가 해야 할 영적인 일은 무엇일까요? (4:3-4)

질문 10) 믿지 않는 사람과의 관계에서 우리가 해야 할 영적인 일은 무엇일까요? (4:5-6)

당시 초대교회 성도들은 핍박받는 소수였습니다. 그러므로 잘못하면 사회에서 고립되어 믿지 않는 사람들을 아예 접촉하지도 못하게 될 가능성이 있었습니다. 그런 상황이기 때문에 바울은 골로새교회 성도들에게 믿지 않는 사람들을 대할 때는 지혜롭게 행동하라고 권면하는 것입니다. 내가 믿는 복음이 참 진리라는 이유로 막무가내로 전도하는 것은 이런 말씀에 비추어 보면 사실상 바른 태도가 아닙니다. 그리스도인들은 믿지 않는 사람들을 전도하려는 마음을 늘 가지고 지혜롭게 행동하면서 적절한 기회를 살펴야 합니다.

그렇다면 구체적으로 어떻게 지혜롭게 행동해야 할까요?

첫째로, 말할 때는 항상 은혜 가운데서 해야 합니다. 은혜 가운데 말하려면 잘못된 말의 습관을 버려야 합니다. 골로새서 3:8-9은 잘못된 말의 목록을 제시합니다. "[8]이제는 너희가 이 모든 것을 벗어 버리라 곧 분함과 노여움과 악의와 비방과 너희 입의 부끄러운 말이라 [9]너희가 서로 거짓말을 하지 말라 옛 사람과 그 행위를 벗어 버리고" 우리가 버려야 할 잘못된 말은 분함과 노여움과 악의와 비방과 부끄러운 말, 그리고 거짓말입니다. 우리는 분함과 노여움과 악의와 같은 절제되지 못한 전투적인 말 대신에 부드럽고 온유한 말을 해야 합니다. 또한 비방하는 말 대신에 칭찬하고 격려하는 말을 해야 합니다. 음담패설과 같은 부끄러운 말 대신에 건전한 말을 해야 합니다. 특히 그리스도인은 무엇보다 거짓을 버리고 언제나 진실을 말해야 합니다.

둘째로, 말할 때는 소금으로 맛을 낸 것처럼 해야 합니다. 소금으로 맛을 낸 것처럼 말하라는 것은 무미건조한 말만 하지 말고 유머와 재치가 있는 말을 하라는 것입니다. 왜 믿지 않는 사람들과 대화할 때 적절한 유머와 재치가 필요할까요? 늘 모범답안과 같은 말만 하면 다른 사람들로부터 고립될 가능성이 높습니다. 그렇게 되면 전도할 기회가 사라집니다. 그러므로 믿지 않는 사람들을 전도하기 위해서는 맛깔나게 말할 필요가 있습니다. 이렇게 은혜 가운데서 맛깔

나게 말을 하다 보면 믿지 않는 사람들의 도전에 대해 적절하게 대답할 것을 알게 됩니다.

V. 바울의 동역자들(4:7-14)

---

7 두기고가 내 사정을 다 너희에게 알려 주리니 그는 사랑 받는 형제요 신실한 일
꾼이요 주 안에서 함께 종이 된 자니라 8 내가 그를 특별히 너희에게 보내는 것은
너희로 우리 사정을 알게 하고 너희 마음을 위로하게 하려 함이라 9 신실하고 사
랑을 받는 형제 오네시모를 함께 보내노니 그는 너희에게서 온 사람이라 그들이
여기 일을 다 너희에게 알려 주리라 10 나와 함께 갇힌 아리스다고와 바나바의
생질 마가와 (이 마가에 대하여 너희가 명을 받았으매 그가 이르거든 영접하라)
11 유스도라 하는 예수도 너희에게 문안하느니라 그들은 할례파이나 이들만은
하나님의 나라를 위하여 함께 역사하는 자들이니 이런 사람들이 나의 위로가 되
었느니라 12 그리스도 예수의 종인 너희에게서 온 에바브라가 너희에게 문안하
느니라 그가 항상 너희를 위하여 애써 기도하여 너희로 하나님의 모든 뜻 가운
데서 완전하고 확신 있게 서기를 구하나니 13 그가 너희와 라오디게아에 있는 자
들과 히에라볼리에 있는 자들을 위하여 많이 수고하는 것을 내가 증언하노라 14
사랑을 받는 의사 누가와 또 데마가 너희에게 문안하느니라

바울은 서신을 마치기 전에 자신의 동역자들을 한 명씩 열거하면서 사랑을 표현합니다. 두기고에 대해서는 "사랑받는 형제요 신실한 일꾼이요 주 안에서 함께 종이 된 자(7절)"라고 했습니다. 그는 성령님의 역사를 따라 골로새교회

성도들을 위로하였습니다. 오네시모에 대해서는 “신실하고 사랑받는 형제(9절)”라고 했습니다. 오네시모는 빌레몬의 종으로서 과거에는 죄를 짓고 도망갔었지만 이제는 복음으로 변화되어 다시 골로새로 귀향하는 자입니다. 아리스다고는 “바울과 함께 갇힌 자(10절)”입니다. 바울과 함께 갇혔다는 것은 함께 고난받았다는 뜻입니다. 복음을 위해 고난 받는 자리까지 함께 간 것은 얼마나 귀한 일입니까? 바울은 또한 마가를 “바나바의 조카(10절)”로 소개하면서 그를 영접하라고 부탁합니다. 마가는 한 때 선교하다가 중간에 이탈하여 바울의 분노를 사기도 했지만 나중에 다시 만나서 동역하게 됩니다. 그는 결국 마가복음의 기록자가 되었습니다. 유스도라 하는 예수는 유대인이지만 하나님의 나라를 위해 함께 동역하였습니다. 바울은 이 사람에 대해 매우 특별한 감정을 가지고 있었습니다. 바울은 유대인으로서 자신의 동족 가운데 많은 사람들이 동역하기를 기대했습니다. 그러나 실제로는 매우 소수의 사람만 바울과 동역하였습니다. 바울은 그들을 통하여 크게 위로를 받았습니다. “그리스도 예수의 종(12절)”이라고 소개된 에바브라는 항상 골로새 교인들이 하나님의 모든 뜻 가운데 완전하고 확신있게 서기를 기도하였습니다. 바울은 마지막으로 사랑받는 의사 누가와 데마를 소개합니다. 누가는 의사 출신으로서 바울의 육체를 돌보면서 함께 동역하였으며 누가복음과 사도행전을 기록하였습니다. 데마는 이 때까지 바울과 동역하였으나 안타깝게도 나중에 세상을 사랑하여 바울의 곁을 떠났습니다. 바울은 자신과 함께 일했던 동역자들의 이름을 한 명씩 열거하면서 그들에게 감사의 마음을 전합니다. 하나님의 나라를 위해 동역한다는 것은 참으로 아름답고 귀한 특권이 아닐 수 없습니다.

VI. 끝 인사(4:15-18)

15라오디게아에 있는 형제들과 눔바와 그 여자의 집에 있는 교회에 문안하고 16
이 편지를 너희에게서 읽은 후에 라오디게아인의 교회에서도 읽게 하고 또 라오
디게아로부터 오는 편지를 너희도 읽으라 17아킵보에게 이르기를 주 안에서 받
은 직분을 삼가 이루라고 하라 18나 바울은 친필로 문안하노니 내가 매인 것을
생각하라 은혜가 너희에게 있을지어다

이제 바울은 라오디게아에 있는 형제들과 눔바와 그녀의 집에 있는 교회에 문안하고 이 편지를 라오디게아교회에서도 읽게 하고 라오디게아에 보낸 편지는 골로새교회가 받아서 읽으라고 권면합니다. 이 짧은 말씀 속에서 우리는 초대교회에 대해 역사적으로 매우 중요한 사실을 알 수 있습니다. 그것은 바로 초대교회가 매우 강력한 공동체성을 가지고 있었다는 사실입니다. 그 근거는 크게 두 가지입니다. 첫 번째 근거는 초대교회가 집에서 모이는 가정교회였다는 사실입니다. 바울은 '눔바의 집에 있는 교회'라는 표현을 사용합니다. 초대교회에서는 대부분의 교회들이 가정에서 모였습니다. 물론 그것은 핍박받는 상황에서 어쩔 수 없는 선택이었을 가능성이 높습니다. 그렇지만 가정에서 모이면서 초대교회는 자연스럽게 교회를 하나님의 가족으로 이해하게 되었습니다. 두 번째 근거는 교회 간에 이루어진 교제, 곧 교통(코이노니아)입니다. 바울의 말에 따르면 당시 골로새교회는 라오디게아교회와 교류가 있었던 것으로 보입니다. 초대교회는 한 교회만 공동체를 이룬 것이 아닙니다. 그들은 교회 간에도 자연스럽게 연대했습니다. 이러한 강력한 공동체성은 초대교회가 건강하게 성장하는 튼튼한 밑거름이 되었습니다.

질문 11) 바울의 마지막 인사말을 보면서 다음 질문들에 대해 답하십시오.(4:18)

1) 왜 바울은 짧은 친필 문안을 하고 있을까요?

2) 매인 것을 생각하라는 말은 무슨 뜻일까요?

3) 바울이 간단하게 인사말을 전하면서 '은혜'라는 한 단어로 끝내는 것은 무엇을 시사합니까?

닫는 말

모든 것이 다 하나님의 은혜입니다.

다음 성경구절들을 읽고 은혜의 의미를 생각해 보십시오.

로마서 3:24 그리스도 예수 안에 있는 속량으로 말미암아 하나님의 은혜로 값 없이 의롭다 하심을 얻은 자 되었느니라

에베소서 1:7 우리는 그리스도 안에서 그의 은혜의 풍성함을 따라 그의 피로 말미암아 속량 곧 죄 사함을 받았느니라

에베소서 3:7 이 복음을 위하여 그의 능력이 역사하시는 대로 내게 주신 하나님의 은혜의 선물을 따라 내가 일꾼이 되었노라

사도행전 20:24 내가 달려갈 길과 주 예수께 받은 사명 곧 하나님의 은혜의 복음을 증언하는 일을 마치려 함에는 나의 생명조차 조금도 귀한 것으로 여기지 아니하노라

고린도전서 15:8-10 [8]맨 나중에 만삭되지 못하여 난 자 같은 내게도 보이셨느니라 [9]
나는 사도 중에 가장 작은 자라 나는 하나님의 교회를 박해하였으므로 사도라 칭함
받기를 감당하지 못할 자니라 [10]그러나 내가 나 된 것은 하나님의 은혜로 된 것이니
내게 주신 그의 은혜가 헛되지 아니하여 내가 모든 사도보다 더 많이 수고하였으나
내가 한 것이 아니요 오직 나와 함께 하신 하나님의 은혜로라

복습문제

질문 1) 여러 관계에 대한 권면의 말씀을 잘 살펴보면 남편, 부모, 주인에 관한 말씀보다 아내, 자녀, 종에 관한 말씀이 먼저 나옵니다. 그 이유는 무엇일까요?(3:18-4:1)

질문 2) 아내들은 남편에게 복종하는 것이 주 안에서 마땅하다는 말은 무슨 뜻입니까?(3:18)

질문 3) 남편들에게는 어떤 계명을 주셨습니까? 그런 계명을 주신 이유는 무엇일까요?(3:19)

질문 4) 모든 일에 부모에게 순종하라는 말은 무슨 뜻입니까? 문자적으로 부모가 시키는 일이면 무엇이든지 다 해야 한다는 말입니까?(3:20)

질문 5) 아비들에게 주신 명령은 무엇입니까? 왜 아비들에게 그런 명령을 주었을까요?(3:21)

질문 6) 그리스도인 종들에게 요구되는 새로운 태도는 무엇일까요?(3:22-24)

질문 7) 상전들에게 주신 명령은 무엇입니까? 왜 상전들은 그렇게 해야 할까요? (4:1)

1) 상전들에게 주신 명령은 ____________을 종들에게 베풀라는 것이다.

2) 그렇다면 왜 상전들은 종들에게 의와 공평을 베풀어야 할까요?

질문 8) 본문은 하나님과의 관계에서 우리가 해야 할 영적인 일로 기도를 제시합니다. 그렇다면 기도를 어떻게 하라고 했습니까?(4:2)

질문 9) 동료 그리스도인과의 관계에서 우리가 해야 할 영적인 일은 무엇일까요? (4:3-4)

질문 10) 믿지 않는 사람과의 관계에서 우리가 해야 할 영적인 일은 무엇일까요? (4:5-6)

질문 11) 바울의 마지막 인사말을 보면서 다음 질문들에 대해 답하십시오.(4:18)

1) 왜 바울은 짧은 친필 문안을 하고 있을까요?

2) 매인 것을 생각하라는 말은 무슨 뜻일까요?

3) 바울이 간단하게 인사말을 전하면서 '은혜'라는 한 단어로 끝내는 것은 무엇을 시사합니까?

소감문

빌립보서&골로새서

예수만으로 충분합니다

초판 1쇄 발행 2014년 8월 11일

지은이 안진섭

펴낸이 류수환

편집장 박여미

기획・홍보 김용민

책임디자인 서소라

디자인 및 펴낸 곳 그리심어소시에이츠

주소 대전광역시 서구 둔산북로 121 아너스빌 1801호

전화 042.472.7145

팩스 042.472.7144

www.igrisim.com

정가 10,000원

ISBN 979-11-85627-03-8 03230

이 출판물의 성서인용은 대한성서공회의 개역개정판을 사용했습니다.